Einigt euch mit eurem Gegner

Ein Bibelstudium von
Sigi Oblander

2016 von Sigi Oblander und
Ruth Selg überarbeitet und erweitert

ISBN: 978-3-936811-40-7

Umschlag und Layout: admida-Verlagsservice, Erzhausen
Printed in EU

Inhalt

Vorwort von Ruth Selg 5

Vorwort von David Oblander 7

1. Übereinstimmung 9

2. Wer ist unser Widersacher? 13

3. Der Widersacher in Kriegszeiten 19

4. Selbsterhaltung 26

5. Die Wolfsnatur 30

6. Gehorsam sein in Leid und Verfolgung 37

7. Joseph 44

8. Die Versuchung, Ehebruch zu begehen 55

9. Mose begegnet seinem Widersacher 61

10. David 68

11. Der Feind greift an 77

12. Esther 84

13. Petrus 90

14. Jesus einigte sich mit seinem Widersacher 96

Vorwort von Ruth Selg

Dieses Bibelstudium wurde bereits vor einigen Jahren durch den gemeinsamen Dienst von Sigi Oblander mit Gwen Shaw veröffentlicht. Gwen Shaw ermöglichte es auch, dieses Buch ins Deutsche zu übersetzen.

Sigi Oblander, die wir mit großem Respekt und Dankbarkeit unsere Freundin nennen dürfen, hat nun in diesem Jahr die Übersetzung überarbeitet und erweitert. Es ist uns eine große Freude und Ehre, dieses Buch auf den deutschen Markt zu bringen. Wir sind sicher, es hat nichts an Aktualität verloren. Im Gegenteil, es beinhaltet Antworten auf die Herausforderungen, denen wir heute gegenüberstehen. Wie immer ist es unsere Entscheidung, wie wir reagieren.

Sigi Oblander schreibt in ihrer geradlinigen Art und frei von Menschenfurcht. Sie legt uns Denkanstöße vor, die es wirklich in sich haben und über die wir gründlich nachdenken müssen.

Wie ihre Predigten so sind auch ihre Bibelstudien von großem Tiefgang und Ehrlichkeit – gerade sich selbst gegenüber. Lassen Sie sich von Sigis

Ausführungen inspirieren. Wir haben diesen Schritt getan und sind ihr von Herzen für die Augen öffnenden Botschaften dankbar.

teamwork 17.12
Ruth Selg

Vorwort von David Oblander

Wohl eine der am schwierigsten zu verstehenden Bibelstellen ist der Befehl Jesu in Matthäus 5,25: *Einigt euch rasch mit eurem Gegner, stimmt mit ihm überein.* (Neues Leben)

Allein schon der Gedanke, unsere Schwäche aufzudecken oder zuzugeben, scheint uns in eine schwierige Lage zu bringen. Diese Wahrheit wurde jedoch in Sigis Leben zur Freiheit, das kann ich als ihr Ehemann bezeugen. Ich glaube, dass Gott Sigi einen Schlüssel zu seinem Königreich gab, der uns hilft, damit wir als Überwinder wandeln können. Zu viele Christen wissen nicht, wie sie mit ihren Gefühlen in Notzeiten fertig werden sollen.

Wir neigen dazu, unsere Erfahrungen zu „vergeistlichen", weil wir sie nicht verstehen. Dieses Bibelstudium jedoch wird aufzeigen, wie man frei sein kann – wenn man Gott für sich kämpfen lässt. „Einigt euch mit eurem Gegner" wird eine große Hilfe im geistlichen Wachstum sein, um die Herrlichkeit Gottes im täglichen Leben in einem größeren Maße zu erfahren.

David Oblander

1

Matthäus 5,25: Einigt euch rasch mit eurem Gegner, stimmt mit ihm überein.

Übereinstimmung

Als ich mit einer Freundin auf einer Parkbank saß und den schönen Frühlingssonnenschein genoss, stellte sie mir plötzliche eine Frage: „Sigi, ich weiß, dass wir alles in Jesus Christus tun können, doch manchmal kommt es mir so unvorstellbar vor, wie wir größere Werke in Gott vollbringen können. Wir zitieren diese Schriftstelle, ohne wirklich zu erklären, wie es vor sich geht oder wie wir ‚alle Dinge' vollbringen. Sag, wie kannst du mir die unglaublichen Dinge erklären, die du und Gwen bewirken? In eurem Buch ‚Sword of Love'[1] erzählt ihr von den erstaunlichsten Dingen, die euch bei euren Missionsabenteuern passiert sind. Wie könnt ihr an den Plätzen sein, an die sich nur sehr wenige Frauen hinwagen? Wie werdet ihr mit Ängsten, Einsamkeit usw. fertig?"

---

1 Sword of Love, Gwen Shaw

Ich saß da und dachte nach. Ja, es gab Ängste, Einsamkeit, Herzeleid. Ich musste es zugeben. Eine Weile war ich noch in Gedanken versunken. Wie konnte ich das alles überwinden? Oft wollte ich aufgeben, aber ich habe es nie getan. Jede Lebenserfahrung und jede Übergabe an Gott machte mich stärker und ließ mich neuen Boden gewinnen. Aber wie konnte ich mit jeder schweren Situation fertig werden? Ich wusste, es geschah durch die Hilfe Jesu Christi, doch wie half er mir, jede gefährliche Anfechtung zu überwinden und zu besiegen?

Plötzlich sah ich den Grund, der hinter allem steht. Eine Erleuchtung kam in meine Gedanken. Ich sprang auf und rief: „Ich stimme mit meinem Widersacher überein, und so kann ich Einsamkeit, Angst und Verzweiflung überwinden."

Ja, dieser Vers, den ich wirklich nie verstanden hatte, war der Schlüssel in meinem Leben. Er befähigte mich, im Sieg zu leben und jede Prüfung zu bestehen. Ich hatte ihn gebraucht, ohne dass ich es bemerkt hatte. Ja, ich hatte dieses Gesetz Jesu durch den Heiligen Geist unbewusst ausgelebt, ohne dass mir das irgendjemand gesagt hatte.

In Matthäus 5,25 steht: *Sei deinem Widersacher bald geneigt, während du noch mit ihm auf dem Weg bist, damit der Widersacher dich nicht etwa dem Richter ausliefert und der Richter dich dem Gerichtsdiener übergibt und du ins Gefängnis geworfen wirst.* (Schlachter)

Einigt euch rasch mit eurem Gegner, bevor es zu spät ist und ihr vor Gericht gestellt, einem Gerichtsdiener übergeben und ins Gefängnis geworfen werdet. (Neues Leben)

In einer älteren Bibelübersetzung steht für „einigt" das Wort „willfahre". Das griechische Wort hierfür heißt *eunoeo* und wird nur ein einziges Mal in der Bibel gebracht. Es bedeutet „gut gesinnt sein, sich zu versöhnen". Es ist eine Zusammensetzung aus zwei griechischen Wörtern: *eu* – was für sich gut bedeutet, gut gemacht, und *nous* – was sich kümmern, zu verstehen bedeutet. Dies erklärt und gibt uns ein besseres Verständnis von dem, was Jesus sagt. Er sagt also: „Habe ein gutes Verständnis für deinen Widersacher, finde ihn, verstehe, warum er so ist und was seine Absichten sind."

Widersacher kommt von dem griechischen Wort *Antidikos* – ein Gegner in einem Prozess. Es wird von zwei Wörtern abgeleitet: *Anti* – Gegenteil, anstatt von, und *dike* – Gerechtigkeit, Recht, Verurteilung.

Das bedeutet, jemand, der das Gegenteil von dem ist, was wir denken und was recht ist. Dein Widersacher kann genauso gut eine Situation wie auch eine Person sein. Sollen wir das in die tägliche Umgangssprache übersetzen? Jesus sagt demnach: „Habe ein gutes Verständnis für deine Anti-Gerechtigkeitssituation.“ Versuche, Gutes im Schlechten, Richtiges im Falschen, Segen im Fluch und Freude in den Sorgen zu finden. Mit Gottes Hilfe stimme dem zu, unterwirf dich dem und verstehe das, was Gott in deinem Leben zulässt, sogar, wenn es wie eine ungerechte und böse Sache, eben wie ein Widersacher aussieht.

Ich glaube, dass viele nicht in die absolute Erfüllung kommen, weil sie nie gelernt haben, sich mit ihrem Widersacher zu einigen, ihm nicht direkt in die Augen sehen und das Problem verdrängen. Das Ergebnis ist, dass sie in ihrem innersten Wesen gefangen gehalten sind, weil sie nicht mit dem Apostel Paulus sagen können – Philipper 4,11: *Nicht wegen des Mangels sage ich das; ich habe nämlich gelernt, mit der Lage zufrieden zu sein, in der ich mich befinde.*

2

1. Korinther 16,9: … denn eine Tür hat sich mir aufgetan, weit und vielversprechend; und es gibt viele Widersacher.

Wer ist unser Widersacher?

Unsere Reaktionen sind automatisch negativ, wenn wir dies lesen. Wir denken, dass unser Widersacher einzig Satan sein könnte, und sagen: „Wie kann ich mit Satan übereinstimmen?" Dass dies aber keineswegs so ist, lesen wir z. B. in 1. Korinther 16,9: … *denn eine Tür hat sich mir aufgetan, weit und vielversprechend; und es gibt viele Widersacher.*

Bileam

Unser Widersacher kann Satan sein, aber er kann auch ein Engel sein. Im 4. Buch Mose 22,22 steht: *Aber der Zorn Gottes entbrannte darüber, dass er ging. Und der Engel des Herrn trat ihm als Widersacher in den Weg. Er aber ritt auf seiner Eselin, und seine beiden Burschen waren bei ihm.*

Als Bileam auf dem Weg war, um gegen Israel zu prophezeien, schickte der Herr einen Engel, um seinen Esel davon abzuhalten, die Reise fortzusetzen. Indem er das tat, rettete der Herr Bileam vor dem Tod, denn der Engel sagte, Vers 33: *Und wenn sie (die Eselin) mir nicht ausgewichen wäre, so hätte ich dich jetzt umgebracht, sie aber am Leben gelassen!* Der Engel, der Bileams Widersacher war, war auch sein Retter und Beschützer. Manchmal scheint Gott unser Widersacher zu sein, wenn er uns in Wirklichkeit jedoch vor Gefahr und Bösem oder sogar vor dem Tod bewahrt.

Wenn wir auf Dinge bestehen und sie unbedingt so haben wollen, wie wir sie mögen und nicht wie Gott sie haben will, werden wir zugrunde gehen. Wenn der Heilige Geist der Widersacher ist und versucht, uns daran zu hindern, den Weg fortzusetzen, ist es am besten, schnellstens zu lernen, Gott zu gehorchen.

Bileam versuchte, gegen die Umstände anzugehen, und er merkte nicht, dass der Engel des Herrn in seinem Weg stand und der Esel es besser spürte als er – und das, obwohl Bileam ein Prophet war. Oft können „die Esel" mehr sehen als die, die sich Propheten nennen. Gott schenkt uns in dieser Endzeit eine Offenbarung, die wir auf unserem Weg zur Vollkommenheit, Erfüllung und schließlich Herrlichkeit begreifen müssen. Wir sollen lernen, uns mit unserem Widersacher und Gegner zu einigen, sonst müssen wir bis zum letzten Pfennig bezahlen. Deshalb sind viele in einem „geistlichen Gefängnis" eingesperrt, das schlimmer sein kann als ein sibirisches Konzentrationslager. Es sind Gefängnisse, Gräber, die versiegelt sind. Wir brauchen aber eine Berührung der Auferstehungskraft in unserem Leben.

Undankbare Arbeiter

Matthäus 20,16: *So werden die Letzten die Ersten und die Ersten die Letzten sein. Denn viele sind berufen, aber wenige auserwählt.*

Wie viele gute Christen haben einen Ruf Gottes in ihrem Leben, sind aber nicht in der auserwählten Gruppe der Überwinder, die in die absolute Freiheit und Erfüllung in Jesus Christus kommen. Sie tragen ihre Berufung ihr ganzes Leben lang und warten auf die richtige Situation und auf die richtigen Umstände, um frei gemacht zu werden. Sie suchen immer die Freiheit, aber erreichen sie nicht. Sie leiden unter Verdammnis und Schuld wegen jeder Schwäche in ihrem Leben und auch unter den Flüchen, die durch die Blutlinie auf sie gekommen sind. Sie enden in Unlust und klagen, genau wie die Arbeiter, die eingestellt wurden und zustimmten, für einen Denar (Vers 2) zu arbeiten. Als die Zeit herankam und sie ihre Bezahlung erhielten, sahen sie, was die zuletzt eingestellten Arbeiter erhielten, und verloren ihre Freude. Sie murrten, weil der Meister einigen Arbeitern, obwohl sie weniger gearbeitet hatten, den gleichen Lohn gab.

Zufriedenheit im Willen Gottes

Paulus sagt in Philipper 4,12: *Denn ich verstehe mich aufs Armsein, ich verstehe mich aber auch aufs Reichsein; ich bin mit allem und jedem vertraut, sowohl satt zu sein als auch zu hungern, sowohl Überfluss zu haben als auch Mangel zu leiden.*

Gleich anschließend sagt er diese wunderbaren Worte, die Freiheit, Erfüllung und Gelöstsein vom Gefängnis des Fleisches ausdrücken – Vers 13: *Ich vermag alles durch den, der mich stark macht, Christus.*

Wie kommen wir zu diesem Platz? Zuerst müssen wir dem Widersacher zustimmen, der uns widerspricht. Es ist egal, wie oft wir den Teufel zurückweisen, denn es gibt Dinge, die wir einfach nicht ändern können; und je länger wir sie zurückweisen und mit dem Kopf gegen die

Wand rennen, umso mehr werden wir gefangen gehalten, bis wir letztendlich den Glauben an Gott verlieren. Wir haben in unserem Dienst oft Leute getroffen, die ihren Glauben verloren haben, weil sie darauf bestanden, dass Gott ihre Gebete beantworten müsse – obwohl sie ganz offensichtlich nicht beteten, dass SEIN Wille geschehen soll. Sie wollten ihren Willen zu Gottes Willen machen, und wenn er ihnen nicht antwortete und ihnen nicht gab, was sie wollten, verloren sie den Glauben. Wir haben Menschen getroffen, die sagten, dass sie Glauben hätten, aber sie konnten die Schwierigkeiten nicht überwinden. Ja, in Jakobus 4,7 steht: *So unterwerft euch nun Gott! Widersteht dem Teufel, so flieht er von euch.* Unterwerfen wird definiert als – sich zurücknehmen, zur Seite gehen, zurücktreten.

Geh mit all der Verzweiflung, den Ängsten und Zweifeln, dem Unglauben aus dem Weg – und lass Gott regieren, dann wirst du dem Teufel widerstehen. Es wird nicht durch deine eigene Kraft geschehen, sondern durch das Handeln Gottes zu deinen Gunsten. Wenn Gott der Widersacher einer Nation wird, weil sie den heiligen Weg Gottes verlassen haben, wirst du Situationen erleben, die du nicht verändern kannst, indem du den Teufel zurückweist. Um in dieser Endzeit

Seelenfrieden zu bekommen, müssen wir anfangen, uns mit unserem Gegner zu einigen und uns Gott unterordnen, dann wird der Teufel vor uns fliehen.

3

> *Römer 8,37: Aber in dem allem überwinden wir weit durch den, der uns geliebt hat.*

Der Widersacher in Kriegszeiten

Als wir in Ost-Berlin lebten, wurde meine Familie oft gerettet, weil wir mit unserem Widersacher übereinstimmten, oder anders ausgedrückt, dem Problem direkt in die Augen sahen. Ich will ein paar Beispiele erzählen.

Während des Zweiten Weltkriegs arbeitete mein Vater in der Raketenindustrie unter Hitler. Deshalb wurden wir mit all unserem Hab und Gut ins Sudetenland gebracht. Dort war alles herrlich. Wir hatten es gut, es war friedlich und es gab keine Bombenangriffe. In unserer kleinen Stadt bemerkten wir kaum, dass dennoch der Krieg wütete.

Aber eines Tages klopfte der Widersacher an unsere Tür. Deutschland hatte den Krieg verloren und die russische Armee marschierte in unserer Stadt ein. Die Deutschen wurden zusammengetrieben, um deportiert zu werden. Eine Gruppe nach der anderen verließ das

Land. Mein älterer Bruder und meine Schwester lagen mit Scharlach im Krankenhaus. Wir beteten unablässig und dann holten wir sie aus dem Krankenhaus und gingen zum Marktplatz. Dort sollte der letzte Flüchtlingstransport evakuiert werden.

Wir mussten mit unserem Widersacher übereinstimmen. Die Situation war furchtbar. Trotzdem, es musste geschehen, es gab keinen anderen Ausweg. Als wir uns entschieden hatten, verließen uns Angst und Verzweiflung. Wir hatten es geschafft und gehörten zu der letzten Gruppe, die nach Deutschland gebracht wurde, alle anderen, die vorher aufgebrochen waren, wurden nach Sibirien geschickt.

Du kannst dem Widersacher nicht einfach widerstehen. Du musst die Situation anerkennen und furchtlos bleiben, sonst wird das, wovor du dich fürchtest, eintreten, so wie es in Hiob 3,25 steht: *Denn das Schreckliche, das ich befürchtet habe, ist über mich gekommen, und wovor mir graute, das hat mich getroffen.*

Als wir dann endlich auf unserem Weg zurück nach Deutschland waren, verpassten wir um eine halbe Stunde unser Schiff. Das nächste Schiff sollte erst acht Tage später kommen. Was macht man in einer solchen Lage. Du ordnest dich Gott unter und widerstehst dem

Teufel, der Angst und Verzweiflung und weißt, dass alle Dinge dir zum Besten dienen müssen.

Gott ebnete den Weg für uns. Mein gottesfürchtiger Vater ging von einem Geschäft zum anderen und bettelte für uns um Essen. Acht Tage lang wohnte unsere fünfköpfige Familie bei einer Frau, die uns in ihr bescheidenes Haus aufnahm, obwohl wir doch völlig Fremde für sie waren.

Römer 8,28: *Wir wissen aber, dass denen, die Gott lieben, alle Dinge zum Besten dienen, denen, die nach dem Vorsatz berufen sind.* Was wäre passiert, wenn wir gegen den Strom geschwommen wären und nicht das angenommen hätten, was zunächst wie feindliche Umstände aussah?

Als wir dann endlich in Berlin ankamen, hörten wir die bestürzende Nachricht, dass das Schiff, das wir um eine halbe Stunde verpasst hatten, von einer Mine getroffen worden war und viele Menschen dadurch starben.

Flut in Texas

Bei den schrecklichen Flutkatastrophen, die es vor einiger Zeit in Texas gab, weigerte sich eine Familie, die zwar die Warnung gehört hatte, ihr kleines Haus zu verlassen und auf höher gelegene Plätze zu gehen. Anstatt dessen knieten sie sich hin, beteten und hofften, dass sie irgendwie gerettet würden. Die Flut riss sie mit und einige verloren ihr Leben und ertranken. Wenn sie sich „mit ihrem Gegner" geeinigt hätten und geflüchtet wären, wären sie jetzt sicher noch am Leben. Ich weiß, Gott kann Wunder vollbringen, das ist eine unbestrittene Tatsache, doch wir sollten nicht aus Angst und Verzweiflung kämpfen, sondern dass seine Herrlichkeit in uns und bei uns sichtbar wird. Philipper 4,6+7: *Sorgt euch um nichts; sondern in allem lasst durch Gebet und Flehen mit Danksagung eure Anliegen vor Gott kundwerden. Und der Friede Gottes, der allen Verstand übersteigt, wird eure Herzen und eure Gedanken bewahren in Christus Jesus!*

Was bedeutet das für dein Leben?

Wenn du einsam bist, wie kannst du dich dann mit deinem Gegner einigen? Du sagst vielleicht: „Ich will nicht einsam sein", oder „ich will nicht krank sein, ich will nicht leiden." Was genau willst du von Gott? Willst du nur ein bestimmtes Gefühl, eine bestimmte Erfüllung oder einen bestimmten Ruf für eine Zeit? Oder willst du die unbegrenzte, ewige Erfüllung, um herauszufinden, für welche Aufgabe du geboren bist? Manche Menschen leben von einem Tag zum andern, von einem Segen zum nächsten, von einer Zurückweisung zur nächsten, ohne jemals ihren Frieden, ihre Freude und Erfüllung in Gott zu erreichen. Wie oft hängt unsere Freude von den Umständen ab? Wenn sich die Umstände verändern und schwierig werden, ist die Freude verschwunden. Gott segnet unser Leben in unvorstellbarer Weise und doch – wenn ein Umstand eintritt und uns aus der Fassung bringt – verschwindet unsere Freude. Das sollte nicht sein, denn die Bibel sagt in Nehemia 8,10: *Denn die Freude am Herrn ist eure Stärke*! Ganz praktisch heißt das, wir überwinden, wenn wir mit dem Gegner übereinstimmen und sagen: „Ja, ich bin einsam, aber auch wenn ich einsam bin, werde ich Gott dienen. Ja, ich bin krank, aber ich weiß, dass Gott mein Heiler ist, und ich werde ihm, auch wenn ich Schmerzen habe, dienen."

Es ist kein Zeichen von Geistlichkeit, wenn wir unsere Gefühle in unser Unterbewusstsein verbannen und uns etwas vormachen, indem wir denken, wir seien das, was wir uns vorstellen, während wir in Wirklichkeit das sind, was wir denken. Ich bin heute das, was ich gestern dachte, und morgen werde ich sein, was ich heute denke. Ich glaube nicht, dass unsere Antwort im positiven Denken liegt, sondern unsere

Antwort steht in Philipper 2,5: *Denn ihr sollt so gesinnt sein, wie es Christus Jesus auch war.*

Wenn ich jedoch von Montag bis Freitag kritisch und negativ denke und am Sonntag versuche zu glauben und glaubensvoll zu denken, weil ich die Botschaft vom Glauben gehört habe, wird das schwer möglich sein. Ich bin zu dem geworden, was ich dachte, denn Kritik, Eifersucht, Begierde und Unglauben haben das Leben geprägt. Diese Übel können nicht einfach aus dem Weg geräumt werden, nur weil ich mit einer kleinen „Glaubensbotschaft" versucht habe, sie zu besiegen. Diese Übel müssen überwunden werden, indem ich zustimme und zugebe, dass sie vorhanden sind und ich Gott bitte, mich zu verändern. Anstatt dass ich Gott bitte, mir ein „kleineres" Kreuz zu tragen zu geben, bitte ich ihn, mich stark genug zu machen, um das Kreuz, das ich schon habe, tragen zu können. Die Schönheit wird so viel größer sein, denn die Schönheit vergrößert sich gemäß dem Leid.

Die einzige Möglichkeit, wie ich die Gesinnung Christi bekommen kann, ist, mit dem Widersacher übereinzustimmen und zu *wissen,* dass alle Dinge mir zum Besten dienen (Römer 8,28). Wir erkennen dadurch, wer wir in Gott sind, und der fleischliche Kampf in uns hört auf.

Es wurde uns gelehrt, wie ein Christ handelt und wie er nicht handelt, wie er redet und wie er nicht redet, was zulässig ist und was gegen das Gesetz ist, wie man sich benehmen soll und wie nicht. Eine Gemeinde sagt, dies sei richtig, die andere sagt, das sei richtig, bis keiner mehr weiß, was nun richtig und falsch ist. Wir haben Werke, Werke, Werke und haben uns vor lauter Arbeit nicht um unser innerstes Sein gekümmert. Solange wir nicht mit dem Widersacher übereinstimmen und unsere Not bekennen, können wir ihn nicht überwinden. Aber wir sind weit mehr als Überwinder – Römer 8,37 (Elb.): *Aber in diesem allen sind wir mehr als Überwinder durch den, der uns geliebt hat.*

4

Johannes 14,12: Wahrlich, wahrlich, ich sage euch: Wer an mich glaubt, der wird die Werke auch tun, die ich tue, und wird größere als diese tun, weil ich zu meinem Vater gehe.

Selbsterhaltung

Mancher „lernt" über den Glauben an Gott, und in einer Weise ist das durchaus gut, aber Lernen allein genügt nicht, Kopfwissen reicht nicht aus. Wir sollen im Glauben wandeln. Denn glauben ist das Wesentliche unseres christlichen Seins, wie es in Hebräer 11,1 heißt: *Es ist aber der Glaube eine feste Zuversicht auf das, was man hofft, eine Überzeugung von Tatsachen, die man nicht sieht.*

Es ist anmaßend, wenn wir uns einbilden, dass Gott große Dinge tun wird, nur weil wir den Glauben in unserem Kopf ausüben, während unser Herz, unsere Seele und das Fleisch uns verraten. Der Selbsterhaltungstrieb kann keinen Glauben ausüben. Wir haben eine Geschichte von Bibelschülern gehört, die Glauben ausüben wollten. Nach einer sehr zu Herzen gehenden Botschaft über den Glauben gingen sie in ein Restaurant und bestellten sich Steaks, in dem Glauben, dass jemand kommen und ihre Rechnung bezahlen würde. Alles ging gut, bis sie mit dem Nachtisch fertig waren. Nun saßen sie da und warteten und warteten. Niemand kam. Sie fingen zu schwitzen an und schließlich weinten sie. Das Essen lag schwer in ihren Mägen und – sie ärgerten sich über Gott. Sie konnten nicht verstehen, warum Gott nichts für sie getan hatte, wo sie doch solch einen großen Glauben hatten. Das war freilich kein Glaube, es war Anmaßung.

Jesus stimmte dem Widersacher zu

Der Teufel schickt uns den ganzen Tag über Versuchungen, meist über unseren Selbsterhaltungstrieb. In Matthäus 5 lesen wir, wie er sogar zu Jesus Christus kam, um ihn zu versuchen – und das genau nachdem Jesus 40 Tage gefastet hatte. Jesus brachte diesen fleischlichen Hang zur Selbsterhaltung zu Fall. Der Versucher kam und sagte: „Wenn du der Sohn Gottes bist, so sprich, dass diese Steine Brot werden." Was tat Jesus? Der Teufel war nicht sein einziger Widersacher. Jesus gewann die Schlacht, weil er einem anderen

Widersacher, den Hunger, zugab. In Matthäus 4,2 (Neue Genfer Übersetzung) steht: *Nachdem er vierzig Tage und Nächte gefastet hatte, war er sehr hungrig.* Satan versuchte, ihn durch die natürlichen Hungergefühle zu verführen. Bevor Jesus der Versuchung Satans widerstand, gab er zu, dass er hungrig war. Und dies ist der Moment, in dem er mit dem Gegner übereinstimmte. „Ja, ich bin hungrig, aber der Mensch lebt nicht vom Brot allein, sondern von jedem Wort, das aus Gottes Mund kommt." Der Sieg gehört nun nicht mehr nur Jesus, sondern auch uns, weil unser Leben ihm gehört.

Wir müssen nicht mehr durch unseren Selbsterhaltungstrieb gebunden sein. Wir können frei sein, wenn wir uns dahingehend trainieren, dass wir zugeben, wie wir uns gerade fühlen, welcher Situation wir gegenüberstehen oder was uns erschrecken will. Indem wir das tun, werden wir Christus ähnlicher.

Was war wesentlich für Jesus? Nicht den Sinn auf die Versorgung durch Brot zu richten, sondern auf das Brot des Lebens hinzuweisen. Jenes ewige Bot, Jesu Leib, der für uns gebrochen wurde. Oft üben wir aus reinem Selbsterhaltungstrieb Glauben aus, ähnlich wie die Bibelschüler in jenem Restaurant, aber wir streben nicht nach dem Brot des Lebens, das allein in der Lage ist, uns in das Ebenbild Christi zu verwandeln.

Gott legt „Steine“ in unser Leben, doch nur, um uns zu vervollkommnen. Wir versuchen manchmal, diese „Steine“ in Brot zu verwandeln, anstatt das zu werden, was Jesus wurde: Das Brot des Lebens.

Selbsterhaltungstrieb

Wir wollen Gott dienen, deshalb bringen wir den Selbsterhaltungstrieb unter Kontrolle. Es kann passieren, dass man die Berufung verliert, weil stets dieser Trieb, dem Körper immer nur das Beste zu geben, genährt wird. Dieser Wurm, namens Selbsterhaltung, will die Vision, die Liebe, die von Gott gegebene Autorität verschlingen. Solange wir das erlauben, kann uns Gott nicht so gebrauchen, wie er möchte, oder uns hinsenden, wo er uns braucht. Der Trieb verlangt immer das beste Essen, den besten Platz, die beste Position. Er will uns daran hindern, Opfer für Gott und andere zu bringen. Doch er hat nicht das letzte Wort. Jesaja 10,27: *Und es wird geschehen an jenem Tag, da wird seine Last von deinen Schultern weichen und sein Joch von deinem Hals; ja, das Joch wird zersprengt werden wegen der Salbung.*

5

Markus 12,33: … und ihn zu lieben mit ganzem Herzen und mit ganzem Verständnis und mit ganzer Seele und mit aller Kraft und den Nächsten zu lieben wie sich selbst, das ist mehr als alle Brandopfer und Schlachtopfer!

Die Wolfsnatur

Ich erinnere mich, als Gwen und ich 1971 in Pakistan waren. Gwen war ein „alter Hase", sie hatte bereits viel Erfahrung in der Mission, aber für mich war es das erste Mal und meine Augen wurden in einer neuen Weise geöffnet. Mein Herz wurde sehr schwer, als ich Missionaren begegnete, die ihre Freude an der Berufung verloren hatten.

Ich werde nie einen bestimmten Ort vergessen, wo es wirklich schwer war zu predigen. Es kam mir vor, als ob dort eine Steinwand vorhanden war. Wir stellten bald fest, warum dies der Fall war – weil die Missionare und die einheimischen Arbeiter nicht miteinander auskamen. Es gab böse, bittere Gefühle, ein kalter Krieg war im Gang.

Dann hatten die Missionare und die Einheimischen eine kleine Zusammenkunft, wir waren auch eingeladen. Da saßen wir; jeder lächelte und setzte eine freundliche Miene auf, aber die Luft vibrierte regelrecht. Es war eine schreckliche Stimmung. Mit jedem Keks, den ich aß, fühlte ich mich schlechter. Plötzlich sagte der Herr zu mir: „Komm hier heraus, ich muss dir etwas sagen." Es war mir sehr peinlich, einfach hinauszugehen, doch ich gehorchte. In meinem Zimmer angekommen, fiel ich auf die Knie. Ich sah eine Vision, die so real war, dass es mir vorkam, als wäre ich in einer anderen Welt.

Ich kam zu einem großen Feld, auf dem viele Reihen mit Altären standen. Sie erstreckten sich so weit ich sehen konnte. Ich stand hilflos da. Plötzlich kam der Herr und sagte: „Sigi, ich bin froh, dass du endlich gekommen bist."

Ich antwortete: „Herr, ich diene dir jetzt seit sechs Jahren. Ich bin geisterfüllt, spreche in anderen Zungen, prophezeie, schmuggle Bibeln und möchte hingehen, wo du mich hinschickst."

Der Herr antwortete: „Ja, darum bist du hier."

Ich sah mir die Altäre an. Sie hatten wohl schon eine lange Zeit hier gestanden. Die meisten waren neu und noch nie gebraucht worden. Der Herr sagte zu mir. „Sieh dir deinen Altar an, er ist noch ziemlich neu. Komm, ich führe dich hin." Plötzlich stand ich davor. Mein Name stand darauf. Auf der Rückseite des Altars waren drei Stufen. Ich erinnerte mich, dass in 2. Mose 20,26 steht, dass ein Altar keine Stufen haben soll: *Du sollst auch nicht auf Stufen zu meinem Altar hinaufsteigen, damit deine Blöße nicht aufgedeckt wird vor ihm!* Meiner hatte jedoch sogar drei Stufen.

Auf der ersten Stufe stand: „Die Welt", auf der zweiten: „Selbstgerechtigkeit", und auf der dritten: „Entschlossenheit". Sobald ich die erste Stufe betreten hatte, wusste ich, warum mein Altar Stufen hatte. Mein ganzes Leben lag bloß und nackt vor dem Herrn. Auf dieser ersten Stufe lief mein Leben wie ein Film vor mir ab; ich erkannte, dass ich trotz all meiner Anstrengungen, gut zu sein, immer noch sündig war.

Dann kam ich auf die zweite Stufe. Ich sah, dass ich Christus in mein erbärmliches Leben aufgenommen hatte. Ich liebte Jesus von ganzem Herzen, aber ohne dass ich es merkte, wuchs ich nicht unter der Leitung des Heiligen Geistes, sondern unter der Leitung von Dogmen, die Menschen geschaffen hatten. Ich trug die Kleider und machte meine Haare so zurecht, wie man es von mir erwartete. Ich redete und dachte, wie ich es von

Menschen gelernt hatte. Ohne dass es mir bewusst wurde, stufte ich jeden nach meinem Stil ein, der jedoch, wie ich es jetzt erkannte, ohne Liebe und Rücksicht war. Ich stand lange auf dieser Stufe, bis mir schließlich mein fleischliches „Selbst“ widerwärtig wurde und ich es loswerden wollte.

Dann stieg ich auf die dritte Stufe, „Entschlossenheit“. Ich war entschlossen, mein Leben Gott unterzuordnen. Stricke der Liebe wurden um meine Hände und Füße gebunden, und als ich auf dem Altar lag, fiel Feuer vom Himmel.

Als ich das Opfer betrachtete, das ich ja selbst war, erschrak ich, denn ich sah nicht das nette christliche Mädchen Sigi, für das mich jeder hielt, sondern einen riesigen, hässlichen grauen Wolf. Ich weinte voller Verzweiflung: „O mein Gott, bin ich das wirklich?“

Fett tropfte von dem verbrennenden Körper herunter und ich sah jede Frucht des Fleisches. Alle Früchte des Fleisches haben ihren Ursprung im Fleisch und warten darauf, in ihren bösen Taten unter den richtigen Umständen zu gedeihen.

Der Wolf in mir kämpfte, um von dem Altar herunterzukommen, er schaffte es nicht, denn er war durch Stricke der Liebe gebunden. Ich sah sehr klar, wie die

Wolfsnatur in jedem Christen herrschen will. Es ist gerade diese eine Sache, wo wir die Liebe Gottes in einem Moment fühlen und dann im nächsten Augenblick wie Wölfe reißen und beißen, wenn unser fleischliches Verlangen nicht befriedigt wird.

Schauen wir uns an, wie sich der Wolf verhält. Er lebt in Rudeln und jagt seine Beute; das ist seine Natur, sein Selbsterhaltungstrieb. Er greift zuerst das schwächere Wild an. Man kann einen Wolf nicht streicheln, er wird beißen.

Manch einer von uns verhält sich auch so. Jesus sagt in der Bergpredigt: „Liebt eure Feinde." Warum müssen wir dann manchmal stundenlang beten und ringen, um sogar unsere Freunde lieben zu können? Wir können die Bergpredigt nicht ausleben, wenn wir von unserem Selbsterhaltungstrieb regiert werden. Auch wenn wir stundenlang beten und fasten, ist das keine Garantie, dass uns nicht doch die nächste Anfechtung besiegt. Es ist gleich, wie viel Heu wir einem Wolf geben wollen, er wird Fleisch verlangen. Er kann und wird kein Heu fressen, er ist schließlich ein Wolf. Das Gleiche gilt für fleischliche Christen, wenn sie beten und fasten, um ihr fleischliches Verlangen zu befriedigen. Sie weigern sich, ihre Situation zuzugeben – sich mit dem Gegner zu einigen.

Vielleicht denken wir, wir seien geistlich, aber wenn wir nervös sind und unter Druck geraten, wenn sich Dinge ereignen, die wir nicht unter Kontrolle haben, wird aus dem Unterbewussten eine Reaktion kommen, derer wir uns schämen, und wir stellen entsetzt fest, dass wir nicht dieser nette Mensch sind, für den uns die Leute halten.

Nachdem das Feuer den Wolf endlich ganz verbrannt hatte, sah ich einen großen Haufen Asche auf dem Altar. Das schöne neue Aussehen des Altars war dahin. Doch inmitten der Asche erblickte ich nun ein kleines Lamm. Ein Lamm, das aber keineswegs vom Altar heruntersprang, sondern wartete, bis der Hirte kam. Er nahm dieses Lamm in seine Arme und sagte: „Jetzt kann ich dich zum Wasser des Lebens und zu den grünen Tälern führen."

Die Lammnatur wünscht sich kein Fleisch. Ein Lamm hat kein Verlangen nach Fleisch.

Ein guter Freund erzählte uns vor einiger Zeit, dass er als Gefangener in einem kommunistischen Land auf einem Hof arbeitete. Er musste eines Tages ein Lamm töten. Als er das Messer an die Kehle des Lammes legte, bewegte es sich nicht, es gab keinen Laut von sich. Alles, was er sehen konnte, waren zwei große Tränen in den Augen des Lammes.

Jesus Christus ist unser vollkommenes Lamm. Deshalb konnte er vom Kreuz rufen: „*Vater, vergib ihnen, sie wissen nicht, was sie tun.*"

Christus immer ähnlicher werden, ist die hohe Berufung. Deshalb müssen – und können – wir die Wolfsnatur überwinden, dieses zerstörende Fleisch in unserem Leben. Deshalb muss das Fleisch bereit sein, dem Gegner zuzustimmen, ganz gleich, ob wir gedemütigt werden oder Überfluss haben. Wir wollen in jeder Situation Gottes Herrlichkeit ausstrahlen.

6

> *Römer 8,28: Wir wissen aber, dass denen, die Gott lieben, alle Dinge zum Besten dienen, denen, die nach dem Vorsatz berufen sind.*

Gehorsam sein in Leid und Verfolgung

In unserer Berufung ist es das Wichtigste, das Feuer des Heiligen Geistes wirken zu lassen, es wird unser Leben vollkommen verändern.

Johannes 14,26: *Der Beistand aber, der Heilige Geist, den der Vater senden wird in meinem Namen, der wird euch alles lehren und euch an alles erinnern, was ich euch gesagt habe.*

Johannes 15,5: *Ich bin der Weinstock, ihr seid die Reben. Wer in mir bleibt und ich in ihm, der bringt viel Frucht; denn getrennt von mir könnt ihr nichts tun.*

Oft machen wir Prediger einen Aufruf und bitten die Menschen, ein vollständiges Opfer zu bringen, aber viele halten „Reste" zurück. Dinge, die noch nicht einmal weh tun, aber manches lieben wir zu sehr und hängen unser Herz daran. Genau genommen ist es nicht genug, die Menschen zu bitten, ihr Herz Gott zu geben, wir sollten klar sagen, dass wir unser ganzes Leben Gott geben, er ist der Herr des ganzen Lebens und nicht nur eines Teilbereiches.

Was ist eine totale Übergabe an Gott? Gott sagt in Maleachi 1,10: *Ich habe kein Wohlgefallen an euch, spricht der Herr der Heerscharen, und die Opfergabe, die von euren Händen kommt, gefällt mir nicht!* Die wörtliche Übersetzung dieses Verses aus der Living Bible lautet: „Jedes Mal sagt ihr: Opfert Gott nichts Wertvolles, ihr sagt den Menschen, es ist in Ordnung, lahme Tiere auf dem Altar Gottes zu opfern, ja, sogar die kranken und blinden … Ich habe keinen Gefallen an euch und ich werde euer Opfer nicht annehmen."

Was bedeutet es letzten Endes, wenn wir Gott nur die Dinge geben, die wir nicht wollen, die Dinge, die unseren Selbsterhaltungstrieb noch nicht einmal berühren? Gott sagt: „Mir gehört das Beste." Das Beste deiner Zeit, deines Geldes, deines Lebens, deiner Kraft, deiner Liebe und deiner Talente. Er kommt vor allem, was du hast. Nur wenn du dein Alles gibst und deinen Selbsterhaltungstrieb trainierst, wirst du in diese herrliche Freiheit des Überflusses von Leben und Freude kommen.

Oft erzählte Gwen die Geschichte, wie sie in der Wüste Gobi (in China, zum damaligen Zeitpunkt war es noch nicht kommunistisch) dem Herrn diente. Sie wohnte in einer Lehmhütte. Es gab kein Radio, keine Zeitung und selten Post von zuhause. Die Kamele guckten durch das eine Fenster, das ihre Hütte hatte. Die Ratten rannten und spielten auf dem Dach herum, manchmal fielen sie sogar durch die Decke herunter auf die wenigen Möbel. Trotzdem sang ihr Herz von der Herrlichkeit Gottes und sie spielte auf ihrem kleinen Akkordeon.

Wie konnte sie in diesen schwierigen Umständen so fröhlich sein? Der einzige Grund, dass sie sich im Herrn freuen und über den Umständen stehen konnte, war, dass sie diese anerkannte. Natürlich war es nicht wie zuhause, doch es hatte keinen Zweck zu weinen oder sich aufzuregen und von einem besseren Leben zu träumen. Sie hatte den Komfort in Kanada aufgegeben, um einem höheren Ruf zu folgen. Ja, oft war sie einsam und tagelang sah sie keinen anderen Weißen, aber das schadete ihr nicht. Jesus war ihre Erfüllung! Das Essen war sehr ungewohnt; sie musste lernen, die einfache Hirse, Ziegenmilch, Ziegenfleisch, fremdartiges Gemüse und fremdartiges Obst zu genießen. Aber als sie bereit war, die Umstände anzunehmen und willig zu sein, erhob sie sich über die Enttäuschungen, die Sorgen und das Leid, die durch ein Festhalten am „Fleisch“ sonst entstanden wären.

Der Grund, warum wir durch Ängste, Einsamkeit und Erinnerungen eingesperrt sind, kommt durch unseren Unwillen, die fleischlichen Wünsche für das Leben in Christus aufzugeben. Es ist erwiesen, dass unser Körper sogar so geschaffen ist, dass wir – je mehr wir uns in den Schmerzen entspannen – sie umso leichter ertragen.

Schmerzen

Ich erinnere mich, wie ich als kleines Mädchen oft zum Zahnarzt musste. In den Nachkriegsjahren litt ich, wie viele andere Kinder, durch die Nahrungsmittelknappheit an Zahnschäden. Wie habe ich diese Besuche beim Zahnarzt gehasst und mich davor gefürchtet. Damals hatten die Zahnärzte in Ost-Berlin keineswegs moderne Instrumente und es war keineswegs üblich, eine Spritze oder örtliche Betäubung zu bekommen, wenn gebohrt werden musste. Die Schmerzen mussten ausgehalten werden. Durch die Angst fingen meine Hände an zu schwitzen und ich war jedes Mal total verkrampft. Eines

Tages entschloss ich mich, von nun ab keine Angst mehr zu haben. Ich sagte mir: „Sigi, es tut weh, aber auch wenn es weh tut, davon wirst du nicht sterben, er muss bohren und du wirst es aushalten!“ Mein Verhalten änderte sich dadurch total. Die Schmerzen ließen nach, weil ich lernte, mich zu entspannen, und ich verlor die Angst vor dem Zahnarzt. Vielleicht kann der eine oder andere Leser auch die Entscheidung treffen, dass wir dem „Gegner“, in diesem Fall dem Bohrer, zustimmen, um die Angst vor dem Zahnarzt zu verlieren. Wir sehen, der Gegner kann tatsächlich ein „Freund“ werden, weil der Bohrer uns ja schließlich die Zähne rettet.

Das Gleiche gilt für eine Geburt. Es ist eine bekannte Tatsache: Wenn die Mutter lernt, sich zu entspannen, werden die Wehen erträglicher, denn vor Angst verspannen sich die Muskeln und die Schmerzen werden dadurch viel stärker. Deshalb gibt es die sogenannten Geburtsvorbereitungskurse, sie sollen der werdenden Mutter helfen, sich rechtzeitig auf die Geburt und Wehen einzustellen, damit sie durch Üben weiß, wie sie sich trotz Schmerzen entspannen kann.

Folter

Unsere Brüder und Schwestern, die hinter dem Eisernen Vorhang lebten, haben uns damals erzählt, dass viele um Christi willen verfolgt und gequält wurden. Wie kann man mit solchen Brutalitäten umgehen? Einmal hörte ich das Zeugnis eines Bruders, der schrecklich mit einer Peitsche geschlagen wurde. Sie zogen ihn nackt aus und wickelten ein feuchtes Tuch um seinen Körper, um die Qual der Schmerzen zu vergrößern. Jedes Mal, wenn diese schrecklichen Peitschenhiebe auf seinen Rücken einschlugen und das Fleisch zerrissen, spannte er jeden Muskel an. Zwischen den Hieben war er so angespannt, dass er fast vor Furcht und Schmerz den Verstand verlor. Er rief zu Gott und Gott half ihm und schenkte Gnade. Anstatt sich auf die Schmerzen zu konzentrieren, konzentrierte er sich jetzt auf Christus, das half ihm, sich zu entspannen. Er wurde so vom größten Teil der Qual und Schmerzen befreit und wurde zu einem unglaublichen Licht und Zeugnis.

Oder wie konnte Wanja, ein junger russischer Soldat, der kalten Witterung von 25 Grad unter Null widerstehen, als er eine Nacht nach der anderen nur mit seiner Sommeruniform bekleidet Wache stehen musste? Er hatte sich geweigert, Christus zu verleugnen, und das war seine Strafe. Er verschwendete keine Zeit, sich gegen die Umstände aufzulehnen, in seinem Herzen wusste er, dass alle Dinge ihm zum Besten dienen müssen.

Ich glaube von ganzem Herzen: Wenn wir diesen Schlüssel für unser Leben begreifen, werden wir nicht gleichgültig oder enttäuscht, sondern – wir werden unsere Berufung in Jesus Christus erreichen.

Römer 8,28: *Wir wissen aber, dass denen, die Gott lieben, alle Dinge zum Besten dienen, denen, die nach dem Vorsatz berufen sind.*

7

Römer 12,9: Die Liebe sei ungeheuchelt!
Hasst das Böse, haltet fest am Guten!

Joseph

Schauen wir uns die Lebensgeschichte von Joseph an. Es wird uns sehr schnell klar, welches Vorbild er ist. Er kam trotz widrigster Umstände in die Erfüllung seiner Berufung.

Der Name Joseph bedeutet „Vermehrung". Seine Mutter Rahel gab ihm diesen Namen, als sie ihn in den Armen hielt. Gott will, dass wir in dieser Endzeit wachsen, und zwar in Weisheit, Macht, Autorität und Demut. Wenn wir dieses Verlangen in unserem innersten Wesen haben, wird Gott uns zu unserem „Sterben" führen, damit wir die Retter in einem fleischlichen Land werden, wie Joseph der Retter und Befreier in Ägypten wurde, er half seinen Brüdern. Auch in unserer Zeit haben viele Menschen Zweifel, Unglauben und Angst, doch Gott wird viele Befreier senden.

1. Mose 37,3: *Israel aber hatte Joseph lieber als alle seine Söhne, weil er ihn in seinem Alter bekommen hatte; und er hatte ihm einen bunten Leibrock machen lassen.*

Ist Amerika Gottes geliebter „Joseph"?

Reist man durch die Welt, stellt man fest, dass Amerika wirklich gesegnet ist. Ich selbst bin in Ost-Berlin geboren und lebte viele Jahre in Amerika als Ausländerin, bevor ich meinen Mann David heiratete und die amerikanische Staatsbürgerschaft annahm. Dennoch sah ich, dass ein besonderer Segen auf Amerika liegt. Gott hat diese Nation, die wirklich sehr jung ist, auserwählt, die Verantwortung eines Erstgeborenen zu tragen.

Ursprünglich gehörte das Recht des Erstgeborenen Ruben, aber Ruben verlor seine Macht durch Sünde (1. Mose 35,22). In den Geschichtsbüchern lesen wir, wie überall in der Welt ein Königreich nach dem anderen seither – durch die Sünden des Fleisches – seine Macht und das Recht in Freiheit und Verantwortung zu leben verlor.

Jakob liebte Joseph mehr als die anderen Söhne, weil seine geliebte Frau ihm diesen Sohn geboren hatte. Amerika wurde damals von Männern und Frauen, die Gott aufrichtig liebten, geboren. Sie waren nach Amerika gekommen, um in Freiheit Gott anzubeten.

Sie wollten nicht nach von Menschen gemachten Regeln Gott dienen, sondern nach Regeln, die vom Geiste geboren sind.

Als Joseph seinen bunten Mantel trug und seinem Vater immer wieder über seine Brüder berichtete, wusste er nicht, welche Verantwortung dieser Mantel der Liebe des Vaters bringen würde. Er hatte keine Ahnung, dass seine Widersacher planten, ihn umzubringen.

Du sagst vielleicht: „Sicher ist Amerika einst ein Joseph gewesen, es hat die Welt *ernährt.*" Das stimmt. Als mittellose, vom Krieg zerrissene deutsche Familie haben wir durch die Hilfe Amerikas überlebt. Wir waren dankbar für die Liebe und Barmherzigkeit, die man uns entgegenbrachte. Aber Gottes Plan geht weit über das „Brot-Geben" hinaus. Gottes Plan schließt jeden Einzelnen ein. Gottes Plan ist es, selber „Brot zu werden". Das gilt für jeden Einzelnen von uns, egal wo wir sind. Johannes 6,51: *Ich bin das lebendige Brot, das aus dem Himmel herabgekommen ist. Wenn jemand von diesem Brot isst, so wird er leben in Ewigkeit. Das Brot aber, das ich geben werde, ist mein Fleisch, das ich geben werde für das Leben der Welt.*

Joseph wurde von seinen Brüdern gehasst, aber solange er unter dem Schutz seines Vaters stand, konnte ihm keiner etwas antun. Vielleicht haben seine Brüder versucht, ihn mit Worten zu verletzen, oder sie ärgerten und quälten ihn, doch sie konnten ihm keinen Schaden zufügen.

Eines Tages jedoch, nachdem Joseph diesen großartigen Traum von Macht und Herrschaft gehabt hatte, hassten ihn seine Brüder noch mehr. Und dann schickte Jakob Joseph los, hin zu seinen Brüdern, weg von seiner Macht und seinem Schutz. Joseph hätte sagen können: „Vater, ich traue ihnen nicht." Vielleicht hätte sein Vater ihm daraufhin eine Begleitperson mitgeschickt. Aber Joseph dachte sicher, er könnte mit allem fertig werden, er sei immer noch Herr der Lage. Er war seinem Widersacher noch nicht begegnet und war überzeugt, er sei reif genug und eine Persönlichkeit. Er meinte, seine Brüder überwinden zu können. Joseph kannte die Macht des Hasses nicht, er hatte sich stets unter dem Schutz der Liebe seines Vaters befunden, einer Liebe, die stärker war als der Hass.

Amerika, und wohl auch die westliche Welt, denken, dass sie auch mit all ihren „Brüdern" fertig werden, aber der Westen weiß noch nicht, was Hass wirklich ist. Er ist blind geworden durch seine eigenen fleischlichen Wege der Selbstzufriedenheit, Stärke und Unabhängigkeit. In dieser Endzeit will Gott, dass jeder Einzelne ein Stück gebrochenes Brot wird: Lukas 9,16: *Und er nahm die fünf Brote und die zwei Fische, blickte zum Himmel auf und segnete sie; und er brach sie und gab sie den Jüngern, damit diese sie der Menge austeilten.* Der Druck des Hasses wird Amerika und den Westen wie eine mächtige, große schwarze Wolke bedecken. Sie wird jedes Haus, jede Schule und Gemeinde erreichen. Wo immer Fleisch, fleischliches Denken existiert, wird diese Wolke des Hasses jegliches Leben vernichten wollen.

Die Brüder warteten, bis sie Joseph ganz für sich allein hatten. Sie wussten, dass Joseph jetzt in seiner fleischlichen Kraft am Ende war. Satan greift den einzelnen Menschen an, nachdem der Hass die Einheit zerbrochen hat, die wir einst durch den Schutz der Liebe hatten.

Unsere Familienbindungen werden durch fleischliche Wünsche zerstört. Sex, Rauschgift, Verlangen nach Ruhm, falsche Religion und Scheidung sind einige der Dinge, die Satan gebraucht, um die Familien zu zerstören und sie in den Abgrund der Verzweiflung zu werfen.

Joseph, in seiner Selbstsicherheit, dachte vorher nicht einen Augenblick lang daran, dass seine Brüder ihm etwas antun würden. Und nur weil sein

Bruder Ruben einen Hilfeversuch unternahm, starb er nicht in dieser Zisterne, doch er durchlebte grausame Verzweiflung. Er durchlitt alle emotionalen Abstürze, die wir Menschen fühlen, wenn Dinge geschehen, die unser Leben zerschmettern. Dinge, von denen wir dachten, sie könnten uns nie etwas anhaben. Wie oft habe ich Menschen sagen hören: „Das kann uns hier in unserem Land (Amerika) niemals passieren!" Doch wie sieht heute die Realität aus?

Als unsere kleine Familie damals in Deutschland ein ruhiges Leben führte, kamen wir nie auf die Idee, dass wir je auf eine schwarze Liste kommen könnten, oder dass wir fliehen und alles hinter uns lassen müssten. Genau wie Joseph gingen wir jedoch durch alle Tiefen des emotionalen Kampfes. Plötzlich wurde der kleinste Besitz kostbar. Wenn die Türklingel ging, zitterte meine Mutter vor Angst und mehrfach erlitt sie einen Kreislaufkollaps. Wir mussten erkennen, dass wir uns mit unserem Gegner – mit dieser Situation – einigen müssen. Wir standen vor der Entscheidung, entweder zu fliehen oder ins Gefängnis zu kommen.

Egal, wie laut wir schreien, es hilft uns nichts. Ich bin überzeugt, dass Joseph schrie, aber das war seinen Brüdern egal, sie setzten sich sogar hin und begannen zu essen. Sein Schreien und Weinen kümmerte sie nicht. Als er mit seinen Fäusten an die Wände schlug, bettelte und flehte, half es ihm nicht, er kam da nicht heraus, siehe. 1. Mose 37,18–25.

Meist betteln und flehen auch wir in solchen Extremsituationen, wir bestürmen den Himmel, aber genauso gut könnten wir ruhig und gelassen sein, denn Gott führt uns durch die Schule des Leidens, denn wir sollen nicht nur Brot geben, sondern Brot werden und anderen damit Leben geben. Dadurch spiegeln wir das Leben Christi für andere wider.

Wahrscheinlich war Joseph müde und erschöpft, als die midianitischen Kaufleute kamen. War es ihm egal, was mit ihm geschah? Als ihn seine Brüder aus der Zisterne heraufholten, konnte er ihre harten Gesichter und hasserfüllten Augen sehen, sie verkauften ihn für zwanzig Silberlinge als Sklave an die midianitisch-ismaelitsche Karawane.

Viele deutsche Kriegsgefangene haben erzählt, wie sie Todesangst vor den sich rasch vorstoßenden russischen Soldaten packte. Sie erzählten, dass sie so ausgelaugt waren, dass ihnen nahezu alles egal war. Sie fühlten sich seelisch tot.

In diesem seelischen Kampf, in dem jede Zelle unseres Körpers beteiligt ist, werden wir unser Schicksal selbst bestimmen – auch wenn uns das in dem Moment gar nicht bewusst ist. Entweder werden wir ein Joseph, der groß wird in Macht und Autorität, indem wir selbst kleiner werden, oder alles Göttliche in uns wird zerstört, wie es der vierten Generation Kains geschah. Kains Kampf, sein Ringen um die reine Selbsterhaltung, tötete die Flamme der Herrlichkeit Gottes in ihm. Das ist es, was der Name seines vierten Nachkommens Mehujael bedeutet: „Alles Göttliche ist ausgelöscht" (siehe 1. Mose 4,18).

Joseph wurde in dem Moment vom Jüngling zum Mann, als er als Sklave mit den Ismaeliten nach Ägypten ging. Dort wurde er an Potiphar verkauft. *Und der Herr war mit Joseph, und er war ein Mann, dem alles gelang; und so durfte er im Haus seines ägyptischen Herrn bleiben. Und als sein Gebieter sah, dass der Herr mit ihm war, und dass der Herr in seiner Hand alles gelingen ließ, was er unternahm …* 1. Mose 39,2+3.

Die Versprechen, die Gott Joseph durch die Träume gegeben hatten, waren keineswegs auf ein bestimmtes Gebiet beschränkt. Sie wurden jedoch nicht zu dem Zeitpunkt erfüllt, als Joseph den Vorzug hatte, den Mantel des Erstgeborenen zu tragen, sondern erst dann, als er ein Sklave war und ins Gefängnis geworfen wurde. Er widerstand nicht der Situation. Er gab Gott das Beste seines Lebens: ein gebrochenes Herz und einen versöhnlichen Geist. Aufgrund seines willigen/demütigen Geistes wurde er von allen geliebt und geschätzt.

Joseph wusste, dass er keine Rechte mehr hatte, er wollte nur noch seinem Herrn und Meister gefallen. Wir streben manchmal danach, in eine höhere Stelle zu kommen, und wissen gar nicht, was es wirklich bedeutet, ein Liebessklave des Meisters zu sein. Es gibt aber keine Ehre ohne Hingabe. Wegen Josephs Treue und Ergebenheit ernannte ihn Potiphar als Aufseher über sein ganzes Haus.

Gleichwie Joseph Macht von Potiphar verliehen bekam, erhalten auch wir Autorität verliehen von Gott. Eine Autorität, die uns fähig macht, ein Liebessklave zu sein, sogar wenn unser Herz wegen unserem Bruder gebrochen ist, weil er uns an die Ismaeliten verkauft hat.

Keine Rache

Wie leicht wäre es für Joseph gewesen, nachdem er an die Macht kam, die Rache in die eigenen Hände zu nehmen. Er hätte Potiphar sicher bitten können, ihm Soldaten und Pferde zu geben, damit er zu seinen Brüdern gehen, sich rächen und vor allem dem Vater zeigen könnte, dass er am Leben war. Wenn Joseph das versucht hätte, wäre seine Berufung und die Berufung Israels in dem Moment beendet gewesen. Aber Joseph einigte sich mit seinem Widersacher; er wartete, um sich vom Gott Israels selbst rechtfertigen zu lassen. Er vertraute.

Kämpfe nicht deinen eigenen Kampf, erst recht nicht, wenn du in eine Position der Macht und Autorität kommst. Vergiss nicht: Du bist immer noch ein Sklave und nur dann frei, wenn du liebst. Das ist die wirkliche Freiheit.

Gottes Liebessklave

Ich bin nur ein Sklave! Ich habe keine
eigene Freiheit.
Ich kann nicht die kleinste Sache entscheiden, auch
nicht meinen Weg.
Ich bin ein Sklave und dazu bestimmt, die Befehle
meines Meisters auszuführen.
Er kann mich am Tag oder auch in der Nacht rufen.
Wäre ich ein Diener, könnte ich Lohn beanspruchen, sogar Freiheit.

Doch ich wurde gekauft! Blut war der Preis, den mein Meister für mich bezahlte.
Nun bin ich sein Sklave.
Und werde es immer sein.
Er bringt mich hierhin, er bringt mich dorthin.
Er sagt mir, was zu tun ist.
Ich gehorche – das ist alles!
Ich *vertraue* Ihm völlig.

M. Warburton Booth

8

Johannes 8,31–32: Da sprach nun Jesus zu den Juden, die an ihn glaubten: Wenn ihr bleiben werdet an meinem Wort, so seid ihr wahrhaftig meine Jünger und werdet die Wahrheit erkennen, und die Wahrheit wird euch frei machen.

Die Versuchung, Ehebruch zu begehen

Die Zeit heilt alle Wunden. Alles sah so gut aus. Plötzlich, inmitten eines gesegneten Hauses, begehrte Potiphars Frau Joseph. Sie sah seine Schönheit, seine Jugend und seine Tugend.

1. Mose 39,10: *Und obwohl sie ihm Tag für Tag zuredete, hörte er doch nicht auf sie, dass er sich zu ihr gelegt oder sich an ihr vergangen hätte.*

Joseph gewann hier eine gewaltige Schlacht in den Versuchungen des Lebens. Der Versucher ist täglich da, um uns böse Gedanken und Vorstellungen zu bringen und uns Versuchungen ins Ohr zu flüstern, die uns und unser Lebensziel zerstören wollen.

Wie konnte Joseph dieser Macht der Lust widerstehen? Diesem großen, bösen Dämon, der Tausende von

Männern und Frauen in den Jahrhunderten ruiniert hat, indem sie seinen Einflüsterungen willig zuhörten? Wenn Joseph in dieser Stunde auf diese Stimme gehört hätte, wäre er gefallen. Er war wirklich ein einsamer Mann und sie eine sehr schöne Frau, die ihn unbedingt verführen wollte. Warum sollte er nicht für diesen einen Augenblick seine Einsamkeit vergessen? Aber diese Schlacht wurde gewonnen, weil er seinem Gegner direkt in die Augen sah! Ja, er war einsam, aber er wusste, dass die Einsamkeit ihm nicht das Recht gab, mit der Frau eines anderen zu schlafen. Laufe deinen Anfechtungen nicht einfach nur davon, schau sie dir genau an – und fliehe vor der Sünde. Joseph rannte vor der Sünde davon, doch der „angebliche Beweis" lag nun in den Händen der Frau von Potiphar. Er war unschuldig, dennoch wurde er verurteilt und ins Gefängnis geworfen.

Wir könnten nun sagen: „Wenn er zugestimmt hätte zu sündigen, wäre er frei gewesen." Der Sünde zuzustimmen bedeutet jedoch, das Leben in Gott zu verlieren. Wir können der Sünde nicht zustimmen, aber wir müssen die Situation, wie arg sie auch ist, anerkennen. Ganz gleich, was sie bringt, sogar wenn wir deshalb unschuldig ins Gefängnis kommen, so wie es Joseph widerfuhr. Das Gefängnis war aber letzten Endes sein Zugang zum Palast des Pharao. Wie wenig wusste Joseph vom Plan Gottes, als er zum zweiten Meilenstein in seinem Leben kam; der erste war die Zisterne und nun war es das Gefängnis.

Gottes Wege sind wunderbar, allerdings müssen wir lernen stille zu stehen, selbst wenn der Beweis in den Händen des Anklägers ist und wir unschuldig sind.

Joseph – der Gefangene

Als nun sein Herr die Rede seiner Frau hörte, als sie sprach: So und so hat mir dein Knecht getan!, da entbrannte sein Zorn. Und der Herr Josephs nahm ihn und warf ihn ins Gefängnis, dorthin, wo die Gefangenen des Königs gefangen lagen; so war er dort im Gefängnis. Aber der Herr war mit Joseph und verschaffte ihm Gunst und schenkte ihm Gnade vor den Augen des Kerkermeisters. (1. Mose 39,20+21)

Es sah ganz so aus, als ob das Gefängnis der Widersacher Josephs wäre, schließlich hielt es ihn doch davon ab, frei zu sein. Warum aber konnte Gott ihm Gunst geben? Weil keine Bitterkeit in Josephs Herz war. In Hebräer 12,15 lesen wir: *Und achtet darauf, dass nicht jemand die Gnade Gottes versäumt, dass nicht etwa eine bittere Wurzel aufwächst und Unheil anrichtet und viele durch diese befleckt werden.*

Bitterkeit geht sehr tief und ist schwer zu packen, selbst wenn man sie bemerkt bzw. miterlebt. Wäre Joseph ärgerlich, wütend, auf Rache aus und hasserfüllt im Gefängnis gesessen, wäre er dort gestorben. Aber Joseph fand Gnade, weil der Aufseher von ihm nicht die sonst üblichen Worte hörte: „Ich bin unschuldig." Denn obwohl Potiphars Frau die Kleidungsstücke als „Beweis" in ihren Händen hielt, zeigte Joseph, dass er nicht den schlechten Charakter besaß, dessen sie ihn anklagte.

Wie viele behaupten, sie seien unschuldig, und doch ist ihre Ausstrahlung die gleiche wie die der Männer, die vergewaltigen, morden und die bösen Taten des Fleisches ausführen.

Jesus sagte, dass ein Mann nicht zu töten braucht, um ein Mörder zu sein; wenn wir in unserem Herzen hassen, senden wir schon eine „tödliche Energie" aus. Jesus geht in der Bergpredigt auf die tiefste Wurzel unseres Charakters ein. Es sind nicht die Handlungen, die uns schuldig machen, sondern jene Ausstrahlung klagt uns an, die von unserem innersten Wesen ausgeht. Gott sagt: *Wie ein Mensch in seinem Herzen denkt, so IST er.* (Sprüche 23,7 – direkt aus dem Englischen übersetzt.)

Der Gott Jakobs befreit Joseph

Die Gefängnistüre öffnete sich für Joseph, denn der Pharao hatte in Joseph den Gott Jakobs erkannt. Er sah die Liebe, das Mitgefühl, die Kraft, Treue und Weisheit.

Auch wir kommen in ähnliche befremdliche Situationen. Wir erleben Umstände, in denen die Wurzel der Bitterkeit in uns wachsen will. Satan ist der Ankläger der Gläubigen. Aber für uns gilt: keine Anschuldigung kann uns – Gottes Heilige – zerstören, weil wir unter dem Schutz des Blutes Jesu sind. Das bedeutet jedoch auch, dass wir dieses Leben in Fülle in Christus Jesus verlieren können, wenn wir die Wurzel der Bitterkeit und Resignation in uns ungehemmt wachsen lassen. Wenn wir allerdings hinter das, was wir vor Augen haben, hinaussehen, erkennen wir die Wichtigkeit unseres ewigen Lebens und den Plan Gottes für die Ewigkeit. Joseph musste durch den Prozess des Zerbruchs gehen, deshalb konnte er Herrscher in Ägypten werden. Sobald wir glauben und felsenfest überzeugt sind, dass ALLES uns zum Besten dienen muss, werden wir nicht bitter.

Wir wissen aber, dass denen, die Gott lieben, alle Dinge zum Besten dienen, denen, die nach dem Vorsatz berufen sind. (Römer 8,28)

Im Gefängnis deutete Joseph die Träume des Mundschenks und des Bäckers (siehe 1. Mose 40,1–23). Wir lesen, dass Joseph – trotz seiner großen Hoffnung, nun endlich freigelassen zu werden – zwei weitere Jahre warten musste. Zwei Jahre des Beschneidens und der Vervollkommnung, bis er endlich vor Pharao stand. Am Ende dieses Prozesses erreichte er den Höhepunkt seiner Macht und Größe, er vergab seinen Brüdern, sorgte für sie, und die Familienverhältnisse heilten.

Lasst uns nicht warten, sondern ziehen wir heute gleich die Wurzel der Bitterkeit komplett heraus. Wir können die Situation nicht ändern, aber wir legen unser Leben in die Hand Gottes und schauen den Umständen ins Auge, dadurch werden wir frei und können anderen helfen, selbst wenn wir noch im „Gefängnis“ sind. Ja, wir können sogar dadurch Leben und Tod bringen, Leben dem Geist und Tod dem Fleisch, damit die Herrlichkeit in uns sichtbar wird.

9

Galater 5,13: Denn ihr seid zur Freiheit berufen, Brüder, nur macht die Freiheit nicht zu einem Vorwand für das Fleisch, sondern dient einander durch die Liebe.

Mose begegnet seinem Widersacher

Mose bekam diesen großartigen Ruf Gottes am brennenden Dornbusch in der Wüste. Er sollte das Volk Israel aus dem Land der Knechtschaft führen und Aaron wurde ihm als sein Sprecher verheißen. Mose ließ seine Schafe bei seinem Schwiegervater zurück und machte sich auf den Weg, diesem Ruf, der größte Retter aller Zeiten zu werden, zu folgen Doch plötzlich wurde Gott sein Widersacher. Wie konnte das geschehen?

Und als Mose unterwegs in der Herberge war, kam ihm der HERR entgegen und wollte ihn töten. (2. Mose 4,24)

Es ist im Grunde völlig gleich, wie groß unser Ruf, die Offenbarung oder der Segen ist, der allmächtige Gott selbst wird sich in unseren Weg stellen und uns aufhalten – wenn es notwendig ist.

Gott selbst hatte Abraham in 1. Mose 17,9–11 den Bund der Beschneidung gegeben: *Und Gott sprach zu Abraham: So haltet nun meinen Bund, du und deine Nachkommen von Geschlecht zu Geschlecht. Das aber ist mein Bund, den ihr halten sollt zwischen mir und euch und deinem Geschlecht nach dir: Alles, was männlich ist unter euch, soll beschnitten werden; eure Vorhaut sollt ihr beschneiden. Das soll das Zeichen sein des Bundes zwischen mir und euch.*

Wir erfahren nicht, warum Mose seinen Sohn nie beschnitten hatte. Vielleicht wollte er seine Frau Zippora (siehe 2. Mose 2,16 – Zippora war die Tochter des Priesters in Midian, also eine Midianiterin) nicht verärgern, die dafür womöglich kein Verständnis hatte. Solange sie mit Mose im Bereich der irdischen/fleischlichen Vorstellungen lebte, brauchte sie offensichtlich Gott nicht zu dienen. Aber in dem Augenblick, in dem sie Mose in seiner Berufung folgte und mit ihm ging, wurde Gott zu ihrem Widersacher. Das Leben von Mose stand auf dem Spiel. Als Mose im Sterben lag, rief er Zippora zu: „Beschneide ihn!“ Dies war sein klares Bekenntnis, Gott von nun an bedingungslos zu folgen.

Als Zippora die Beschneidung vornahm, rief sie: *Du bist mir ein Blutbräutigam.* (2. Mose 4,25) Es gibt keinen anderen Weg, in Gottes Willen zu kommen, als demütig durch die kleine Tür zu gehen. Später lesen wir in 2. Mose 18, dass sein Schwiegervater Jethro durch Mose von den unglaublichen Wundern hörte, die Gott getan hatte. Er nahm daraufhin Zippora und die beiden Söhne und ging zu Mose in die Wüste. Mose hatte seine Frau und die Kinder offenbar von der Herberge aus zurück zu Jethro geschickt. *Und als Jethro, der Priester von Midian, Moses Schwiegervater, alles hörte, was Gott an Mose und an seinem Volk Israel getan hatte, wie der Herr Israel aus Ägypten geführt hatte, da nahm Jethro, Moses Schwiegervater, die Zippora, die Frau Moses, die er zurückgesandt hatte, und ihre zwei Söhne (der Name des einen war Gersom; denn er sprach: »Ich bin ein Fremdling in einem fremden Land geworden«; und der Name des anderen Elieser; denn »der Gott meines Vaters ist meine Hilfe gewesen und hat mich von dem Schwert des Pharao errettet«); und Jethro, Moses Schwiegervater, und seine Söhne und seine Frau kamen zu Mose in die Wüste, als er sich an dem Berg Gottes gelagert hatte.* (2. Mose 18,1–3)

Nach der Beschneidung seines Sohnes ging demnach Mose seinen Weg allein weiter, denn Gott nachzufolgen ist kein Spiel. Es erfordert alles, heute geht es Gott um die Beschneidung des Herzens. Wenn wir nicht die Vorhaut unseres Herzens beschneiden, werden wir in bzw. mit unserem Ruf sterben, da das Fleisch nicht in den Wegen Gottes wandeln kann. Gott selbst ist der Widersacher unserer fleischlichen Motive. In der demütigenden Erfahrung des Kreuzes, die für manche Torheit, für uns aber Kraft bedeutet, wandeln wir eine einsame Straße. Das „Fleisch", auf das wir uns verlassen haben, verschwindet und unser Widerscher wird unser Freund, Leiter und Erretter, sobald wir bereit sind, sein vergossenes Blut für uns anzunehmen.

Abigail

In 1. Samuel 25 lesen wir die Geschichte eines Mannes namens Nabal, was „töricht" bedeutet, und er war wahrlich töricht. Als David zu ihm kam und Nahrung von ihm erbat, sagte er – Vers 11: *Sollte ich mein Brot und mein Wasser nehmen und mein Fleisch, das ich für meine Scherer geschlachtet habe, und es Leuten geben, von denen ich nicht weiß, woher sie sind?*

Im Neuen Testament lesen wir in Matthäus 5,40: … *und dem, der mit dir vor Gericht gehen und dein Hemd nehmen will, dem lass auch den Mantel.*

Die Vorgeschichte von Nabal: David kam als Freund zu Nabal, denn er hatte die Schafe Nabals in der Wildnis beschützt. Er kam nicht als Feind, sondern als ein Mann, der jetzt große Not hatte. Es gibt tatsächlich Zeiten, in denen wir geneigt sind, so töricht wie Nabal zu handeln und uns weigern, unseren Familien und Freunden zu helfen. Wie viel weniger können wir dann unseren Feinden helfen? Wir brauchen die Liebe Gottes in uns. Wie reagieren wir, wenn der Feind aus Hass und Neid unser „Hemd" haben will? Jesus sagt: „Kämpfe nicht, gib auch deinen Mantel."

Als die Russen Ost-Berlin einnahmen

Damals kam es vor, dass die Russen den Deutschen die Fahrräder wegnahmen. Wenn jemand versuchte, sein Fahrrad festzuhalten, wurde er auf der Stelle erschossen. Er verlor nicht nur sein Fahrrad, sondern auch das Leben. Mein Vater „verlor" auf diese Weise zwei Fahrräder, aber er behielt sein Leben. Es ging uns sehr schlecht, denn das Fahrrad war unser einziges Transportmittel. Natürlich hat es schier das Herz meines Vaters gebrochen, doch er gab zweimal seinen „Besitz" auf, weil ihm Frieden und Leben wichtiger waren als ein Fahrrad. Deshalb musste er, auch wenn er sich gar nicht danach fühlte, dem Widersacher gefügig sein.

Nabal wollte diesem „Niemand“, der zudem von König Saul gehasst wurde, nichts geben. Vielleicht hatte er auch Angst, beim König in Ungnade zu fallen. Doch seine Frau Abigail wusste, was für einen schrecklichen Fehler er gemacht hatte und dass sich der Tod ihrem Haus näherte (siehe Vers 13). Einer ihrer Knechte warnte sie – Vers 17: *So bedenke nun und sieh, was du tun kannst; denn es ist gewiss ein Unglück beschlossen über unseren Herrn und über sein ganzes Haus!* Sie traf die kluge Entscheidung, jetzt dem „Widersacher“ gegenüber demütig zu sein. Sie sagte ihrem Mann nicht, was sie vorhatte, denn sie wusste, dass er sie davon abhalten würde, und zudem hätte es wohl ihr Leben gekostet.

Abigail heiratet ihren Widersacher

In Matthäus 5,9 steht: *Selig sind die Friedfertigen; denn sie werden Gottes Kinder heißen* (Luther). Abigail musste Frieden stiften, damit nicht ihr ganzes Haus umkommen würde. Sie fiel David zu Füßen und sagte – Vers 24: *Ach, mein Herr, auf mich allein falle die Schuld! Lass deine Magd reden vor deinen Ohren und höre die Worte deiner Magd!* Sie nahm die Schuld komplett auf sich – dabei war sie doch ganz offensichtlich unschuldig.

Im weiteren Verlauf lesen wir das Ergebnis – Gott rettete sie. Nabel dagegen starb (siehe Verse 37–38). David nahm Abigail zur Frau (siehe Verse 40–42).

Wir müssen nicht kämpfen und Dinge festhalten, die uns zwar rechtmäßig gehören, aber uns von Größerem abhalten. Oft denke ich an die Worte, die Gwen einmal in einer Predigt sagte. Es war vor vielen, vielen Jahren, wir kannten uns damals kaum. Aber diese Worte haben mich sehr beeindruckt – und beeinflusst. „Wenn sie dich zurückstoßen und dich zurückhalten, vorwärts zu gehen, tritt zurück und du wirst gerade in den Armen Gottes landen."

Wie oft müssen wir alle uns wegen der Fehler anderer demütigen und erkennen, es liegt eine größere Macht in der Demut. Ich muss meine Rechte nicht verteidigen. Wenn mein „Ich" stirbt, erlebe ich die Macht Jesu und erfahre seine Nähe.

10

Galater 5,1: So steht nun fest in der Freiheit, zu der uns Christus befreit hat, und lasst euch nicht wieder in ein Joch der Knechtschaft spannen.

David

In der Bibel können wir nachlesen, wie oft David sich mit seinem „Widersacher“ einigte. Er tat dies, damit er seine geistige Freiheit behalten konnte. Er sehnte sich stets danach, die köstliche Gemeinschaft mit seinem Herrn zu genießen.

Wenn unsere Seele durch Hass, Ärger, Furcht, Zweifel und Lust gefangen gehalten wird, hören wir auf, uns in das Ebenbild unseres Herrn zu verwandeln. In unserem Innersten steckt jedoch ein tiefes Sehnen, wir wollen von Tag zu Tag wachsen und die wahre Freiheit erlangen. Diese Freiheit ist jeden Preis wert, sogar den Preis der Einsamkeit und der Missverständnisse. Sie ist den Einsatz wert. Galater 5,1: *So steht nun fest in der Freiheit, zu der uns Christus befreit hat, und lasst euch nicht wieder in ein Joch der Knechtschaft spannen!*

Als David vor Saul flüchtete und vorgab, er befände sich auf einer geheimen Mission für Saul, bat er den Priester Abimelech um Nahrung und um eine Waffe, denn er war zu jenem Zeitpunkt „wehrlos". Der Priester antwortete ihm – 1. Samuel 21.10+11: *Das Schwert Goliaths, des Philisters, den du im Terebinthental erschlagen hast, siehe, das liegt hinter dem Ephod in ein Gewand eingewickelt; wenn du das für dich nehmen willst, so nimm es, denn es ist kein anderes hier außer diesem. David sprach: Es gibt nicht seinesgleichen; gib es mir.* David war verzweifelt, und in dieser Verzweiflung nahm er gerne das Schwert seines früheren Widersachers. Jenes Schwert, das Goliath so stolz getragen hatte – und durch das er seinen Kopf verloren hatte. Dieses Mal nahm David dieses Schwert, aber nicht wie beim ersten Mal, als er es in Ruhm und Ehre und unter dem Dank Israels genommen hatte, sondern in Scham, Ungnade und im Anblick einer ungewissen Zukunft.

Normalerweise hätte David nie dieses große, unhandliche Schwert Goliaths (er war ein Riese, ungefähr 2,75 m groß und entsprechend groß war sein Schwert) genommen, aber in seiner Verzweiflung akzeptierte er es.

Manchmal wird uns unser Hoherpriester – Jesus Christus – das Schwert unseres Widersachers geben, nicht nur damit wir uns verteidigen können, sondern wenn wir es nehmen, beschneidet es auch Dinge in uns, damit wir in sein Ebenbild verwandelt werden.

Das Schwert in deinem Leben

Ich hörte einmal von einer Vision, die ein Gläubiger in Deutschland hatte. Er sah sich in dieser Vision in eine vollständige Rüstung gekleidet und machte sich bereit, die Mächte der Dunkelheit zu bekämpfen. Als er in den Raum ging, in dem die Waffen aufbewahrt wurden, gab es verschiedene Arten von Schwertern. Eines war unbeschreiblich schön; es sah aus, als ob es die lebendige Feuerflamme des Herrn sei. Er ging zu diesem Schwert, hob es auf, doch sobald er es in seinen Händen hielt, ließ er es vor Schmerz fallen, denn das schöne „feurige" Schwert hatte seine Hand zerschnitten. Er nahm ein anderes Schwert auf. Dieses war längst nicht so schön, aber es tat seiner Hand nicht weh, er konnte damit ohne Schmerzen in den Kampf ziehen. Er ging in der Schlacht auf die Dämonen los und schlug mit diesem Schwert auf sie ein, aber sie standen einfach nur da. Egal, wie viel Muskelkraft und Entschlossenheit er einsetzte, sie lachten ihn aus und machten sich über ihn lustig. Müde und schweißgebadet ging er traurig zum Waffenraum zurück. Dort sah er wieder das feurige Schwert, das ganz offensichtlich auf ihn wartete. Dieses Mal – in seiner Niederlage – war er entschlossen, es fest zu umklammern, auch wenn es ihn schmerzte. Er wollte den Kampf gegen die Dunkelheit gewinnen. Er umschloss den scharfen Griff, der Schmerz war groß, doch als er in die Schlacht zurück ging, schwang er dieses Schwert gegen die Mächte der Dunkelheit – und die dämonischen Mächte flohen sofort.

Liebe Geschwister, ich bitte euch, ja ich flehe euch an, das Schwert für euer Leben anzunehmen, das Gott jedem Einzelnen von uns darreicht. Auch wenn die Annahme Schmerzen bereitet, am Ende wird es Herrlichkeit bringen. 1. Korinther 15,57: *Gott aber sei Dank, der uns den Sieg gibt durch unseren Herrn Jesus Christus!*

Hier möchte ich aus Gwen Shaws Buch: „Sword of Love" The Travail of Pakistan and Bangladesh (Paperback – 2009 Engeltal Press, aus der Einleitung) zitieren, es ist ein Gedicht von Rabindranath Tagore, dem berühmten indischen Dichter:

Mir deuchte, ich sollte dich bitten
– doch wagt ich es nicht – um den Rosenkranz,
den du im Nacken trugst. So wartet
ich bis zum Morgen, da du gingst, um ein

paar Brocken auf deinem Bette zu finden.
Und wie ein Bettler sucht ich im Zwielicht
nach ein oder zwei verstreuten Blättern.

Doch sieh! Was find ich? Welch ein
Zeichen ließ deine Liebe? Es ist nicht
Blüte, nicht Weihrauch und kein Gefäß
mit duftendem Wasser. Es ist dein mächtiges
Schwert, flammend wie Feuer,
schwer wie ein Donnerkeil. Das junge
Licht des Morgens kommt durch das
Fenster und breitet sich über das Bett
aus. Die Morgenvögel zwitschern und
fragen: „Weib, was hast du gefunden?"
Nein, es ist nicht Blüte, nicht Weihrauch
und nicht ein Gefäß mit duftendem Wasser
– es ist dein schreckliches Schwert.

Ich sitze und sinne dem Wunder, was
heißt diese Gabe von dir? Ich find keinen
Platz, wohin ich es berge. Ich schäme
mich, es zu tragen, schwach wie ich bin,
es verletzt mich, wenn ich an den Busen
es drücke. Doch werde ich im Herzen

tragen die Ehre der Schmerzenslast dieser
Gabe von dir.
Von nun an soll keine Furcht der Welt
in mir sein und siegen sollst du in allen
meinen Kämpfen. Du ließest den Tod als
meinen Gefährten und ich will ihn krönen
mit meinem Leben. Dein Schwert ist
mit mir, um meine Bande entzweizu-
schneiden und keine Furcht der Welt
soll in mir sein.

Von jetzt an entlass ich allen eitlen
Schmuck, Herr meines Herzens, nie mehr
will ich warten und weinen in Winkeln,
kein scheues, sanftes Benehmen mehr.
Du hast mir dein Schwert zum Schmuck
gegeben – kein Puppenschmuck ist mehr für mich![2]

Wenn wir das Schwert willig nehmen, sterben wir willig. Das eigene „Ich" stirbt nicht auf der Kirchenbank, nicht am Altar. Es stirbt, wenn wir die Furcht bekämpfen, unser Leben, unsere Besitztümer, unseren guten Ruf oder sogar unsere Familie zu verlieren. Wir akzeptieren

2 http://gutenberg.spiegel.de/buch/gitanjali-6916/2

Gottes Willen, gleich wie hoch der Preis ist, Gott schenkt uns ein neues Leben (siehe Lukas 18,29+30). Wir sind keine „Hirtenjungen“ mehr, sondern gesalbt, unsere Zunge, unseren Willen und die Gefühle zu beherrschen, dadurch herrschen wir mit Jesus Christus.

David herrschte über seine Gefühle

Wir lesen in 2. Samuel 16,5–8, dass David erneut fliehen musste. Doch dieses Mal floh er nicht als junger bereits zum König gesalbter Mann, sondern jetzt floh er als eingesetzter König, und zwar vor seinem eigenen Sohn Absalom. *Als aber der König David nach Bahurim kam, siehe, da kam ein Mann von dort heraus, vom Geschlecht des Hauses Saul, der hieß Schimi, der Sohn Geras; der kam heraus und fluchte und warf mit Steinen nach David und allen Großen des Königs David, obwohl das ganze Kriegsvolk und alle seine Helden zu seiner Rechten und Linken waren. So aber rief Schimi, als er fluchte: Hinaus, hinaus, du Bluthund, du ruchloser Mann! Der HERR hat über dich gebracht alles Blut des Hauses Sauls an dessen statt du König geworden bist. Jetzt hat der HERR das Königtum gegeben in die Hand deines Sohnes Absalom; und siehe, nun steckst du in deinem Unglück, denn du bist ein Bluthund.* (Luther)

Welch üblen Worte, die er dem von Gott gesalbten König entgegenschleuderte. Ein Fluch ist immer eine furchtbare Sache, damals wie heute. Wie froh und dankbar bin ich, dass in der Bibel steht, dass Jesus Christus für uns zum Fluch wurde und durch sein Blut kein Fluch mehr auf uns kommen kann (siehe Galater 3,13). Zur Zeit Davids war ein Fluch eine Angelegenheit von Leben und Tod. David hätte seinen Männern sofort befehlen können, Schimi zu töten, aber er tat es nicht. Abisai, einer von Davids Soldaten, war bereit, Schimi auf der Stelle zu töten, doch: *David sprach zu Abisai und zu allen seinen Knechten: Siehe, mein Sohn, der von meinem Leib gekommen ist, trachtet mir nach dem Leben; warum nicht jetzt auch dieser Benjaminiter? Lasst ihn fluchen; denn der Herr hat es ihm geboten! Vielleicht wird der Herr mein Elend ansehen, und der Herr wird mir sein heutiges Fluchen mit Gutem vergelten!* (2. Samuel 16,11–12)

David wusste, dass Absalom die Frucht seines Fleisches war. Wenn Gott das Königreich Absalom geben wollte, würde die Situation nur noch schlimmer werden, wenn er jetzt Schimi tötete. Dieses Blut würde an seinen Händen kleben. Er wusste auch, dass er ganz und gar von der Gnade Gottes abhängig war. Er wollte nicht mit seinem Widersacher kämpfen, er ließ ihn leben und vertraute, dass Gott den Fluch in Segen verwandeln würde. Halleluja, welch eine gewaltige Wahrheit! Das Blut Jesu zerbricht jedes Joch.

11

Johannes 3,21: Wer aber die Wahrheit tut, der kommt zum Licht, damit seine Werke offenbar werden, dass sie in Gott getan sind.

Der Feind greift an

Ich kenne eine Gläubige, die vor einer unfassbar schwierigen Entscheidung stand. Sie musste eine Entscheidung treffen, in dem vollen Bewusstsein, dass das Schwert in ihr Herz dringen würde. Sollte Gott wirklich von ihr wollen, dass sie sich von den Menschen trennt, die sie am meisten liebt?

Eines Morgens klingelte es an der Tür, vor ihr stand ein „Schimi". Dieser Name bedeutet: Von Gott hören (Gera, der Vater Schimis, sein Name bedeutet „Feindschaft"). Viele Menschen sind der Überzeugung, sie hören von Gott, sie haben gute Absichten, doch sie spürten nie, dass sie ein „feuriges" Schwert in die Hand nehmen müssen. So stand also jener Mann vor ihr und sagte ihr ins Gesicht, dass sie nicht in Gottes Willen sei, sie solle sich demütigen, ihre Rebellion bereuen und an den Platz zurückkehren, von dem sie gekommen sei. Dann teilte er ihr noch mit, dass ein Engel ihm diese Botschaft für sie aufgetragen habe. Die Schwester reagierte weise, sie erwiderte mutig, bei solch einer lebenswichtigen Entscheidung würde ihr das Gott selbst sagen. Sie habe ernsthaft nach Gottes Willen gesucht und könne jetzt nicht zurückgehen, nachdem sie diese Entscheidung getroffen hatte. Der Mann verließ sie mit einer Warnung. Den ganzen Tag über kämpfte sie durch diesen unerwarteten Angriff auf ihren Frieden.

Am nächsten Morgen kam der Mann wieder. Dieses Mal sprach er noch eindringlicher und bot ihr sogar an, dass er ihr eine große Summe Geld geben würde, wenn sie ginge. Sie erwiderte, dass sie das nicht annehmen könne, weil sie nicht in ihrem Herzen überzeugt sei, dass Gott dies wirklich wolle. Daraufhin reagierte der Mann ausgesprochen ärgerlich.

Am dritten Tag kam er morgens wieder zu ihr. Doch inzwischen hatte ihr Gott gesagt, was sie tun solle. So sagte sie ihm direkt ins Gesicht: „Ich werde jetzt mit Ihnen beten, und wenn Gott antwortet, werde ich das tun, was er sagt.“ Sie kniete sich hin und fing an, laut zu beten. Sie spürte Gottes Salbung und unter Tränen rief sie Gott an und bat um Antwort. Der Mann konnte dies nicht aushalten. Er richtete sich auf, sprach eine Reihe von Flüchen aus und „prophezeite“, dass sie an einer schrecklichen Krankheit sterben würde, bevor er dann endlich ging.

Sie war von seiner unmittelbaren Gegenwart befreit; was ihr aber keine Ruhe ließ, war seine Behauptung, einen Engel gesehen zu haben. An diesem Abend antwortete ihr Gott und erinnerte sie an den Propheten, der beauftragt worden war, die Nachricht Gottes Jerobeam zu bringen. Ihm war gesagt worden, er solle unterwegs nicht anhalten, nichts essen und nichts trinken. Auf dem Heimweg traf er einen anderen Propheten, der zu ihm sagte – 1. Könige 13,18: *Aber jener sprach zu ihm: Ich bin auch ein Prophet wie du, und ein Engel hat durch das Wort des Herrn zu mir geredet und gesagt: Führe ihn zurück in dein Haus, damit er Brot esse und Wasser trinke! Er log es ihm aber vor.*

Er glaubte der Lüge dieses Propheten, auf dem Heimweg wurde er von einem Löwen getötet (siehe Vers 24 und folgende).

Durch ihr Gebet hatte sie einen Schlüssel von Gott bekommen, der sie von dem Lügengeist im Munde dieses „Schimi“ befreite. Ihre schreckliche Verwirrung wich und sie wurde nicht mehr von ihm gequält. Einige

Zeit danach erfuhr sie, dass der Mann gestorben sei. Der Fluch, den er über ihr ausgesprochen hatte, war auf ihn gekommen.

Satan greift an. Er kommt unter dem Vorwand, dass er eine Nachricht von Gott für uns habe, obwohl er schon immer ein Feind und täuschender Geist ist. Satan will stets Feindschaft, Hass und Verwirrung bringen. Johannes 8,44: *Der war ein Menschenmörder von Anfang an und steht nicht in der Wahrheit, denn Wahrheit ist nicht in ihm. Wenn er die Lüge redet, so redet er aus seinem Eigenen, denn er ist ein Lügner und der Vater derselben.*

Es ist unsere Aufgabe, mit Gottes Willen übereinzustimmen und uns unter das Blut Jesu zu stellen, so können sich keine Früchte des Fleisches entwickeln und auch nicht ihre zerstörerische Wirkung entfalten.

Wir sollten es gar nicht erst versuchen, einen Fluch mit Selbstgerechtigkeit, Rechtfertigung und den Früchten des Fleisches zu bekämpfen, das würde sehr bald in unseren Körpern, in den Gedanken, der Seele und dem Geist wahrnehmbar werden.

Das gleiche Prinzip gilt, wenn es sich um den Tod handelt. Wenn wir dem Tod direkt ins Auge schauen, wird er das Erschreckende verlieren. Hiob sagte – Hiob

13,15: *Und wenn er mich tötet, ich warte auf ihn und verantworte mich direkt vor ihm.* (Neue evangelistische Übersetzung)

Habt keine Angst vor denen, die nur den Leib töten, der Seele aber nichts anhaben können. Fürchtet aber den, der Seele und Leib dem Verderben in der Hölle preisgeben kann. (Matthäus 10,28 – Neue evangelistische Übersetzung)

Auch ich hatte gleich zu Beginn meines Dienstes ein seltsames und schreckliches Erlebnis. Meist dienten Gwen und ich gemeinsam, aber an jenem Tag gingen wir jeweils in eine andere Kirche. Ich predigte in einer kleinen Baptistenkirche und der Gottesdienst war gut. Viele Herzen wurden berührt. Ich berichtete u. a. auch über das Leiden unserer Brüder und Glaubensgeschwister, die (damals) hinter dem Eisernen Vorhang lebten. Ich gab einen Aufruf und eine ganze Anzahl von Leuten kam nach vorne. Als ich mit ihnen betete, kam ich auch zu einem gut gekleideten jungen Mann und begann für ihn zu beten. Plötzlich legte er seine Hand auf mich und begann mich zurechtzuweisen und zu fluchen. Ich wusste, dass Fluchen auch in Form einer Weissagung geschehen kann, und fühlte eine unglaublich böse Macht, die von ihm ausging. Innerlich betete ich und fragte Gott, was ich tun solle, ohne eine Szene zu machen. Ruhig schob ich seine Hand weg und sagte ihm, er solle sich hinsetzen. Er drehte sich um und brüllte: „Diese Frau ist ein Anti-Christus!“ In der Kirche war es augenblicklich so still, dass man es gehört hätte, wenn eine Stecknadel auf den Boden gefallen wäre.

Es hätte keinen Sinn gehabt, mich zu verteidigen, also sagte ich nur nochmals, er solle sich hinsetzen, und schloss den Gottesdienst. Gott musste beweisen, wer recht und wer unrecht hatte. Ich dachte nur: Ich muss feststellen, was das für ein Mann ist, deshalb sagte ich nach dem Gottesdienst zu ihm: „Woher wollen Sie das wissen?“ Er sah mich mit stechenden, fanatischen Augen an und wiederholte immerzu: „Jesus Christus hat es mir gesagt, Jesus Christus hat es mir gesagt.“ Daraufhin erwiderte ich: „Engel des Lichts, ich weise dich zurück!“ Er verließ eilig den Raum.

Nachdem er gegangen war, versammelte sich eine kleine Gruppe um mich und ich wurde gefragt: „Was für ein Mensch war das? Hast du seine kalte, eisige Atmosphäre gespürt? Wie ist er überhaupt hereingekommen?“

Ein Ehepaar erzählte, dass sie ihn mitgenommen hatten, weil er als Anhalter auf der Straße gestanden hätte. „Als er bei uns eingestiegen ist, fragte er uns, wohin wir denn fahren würden, wir sagten ihm: Zu einem Gottesdienst. Da meinte er, das sei gut, da wolle er auch hin."

Nach dieser Versammlung war ich sehr niedergeschlagen und trostlos. Der Gottesdienst hatte doch so gut angefangen und dann so bedrückend geendet Als ich schließlich nach Hause kam, betete Gwen mit mir, damit der belastende Druck verschwände. Ich musste meinem Widersacher geradewegs in die Augen schauen – und wurde frei.

Manchmal sieht es so aus, als ob alles verloren sei, aber Gott wird gerade diese Erfahrung zum Besten dienen lassen.

Römer 8,28: *Wir wissen aber, dass denen, die Gott lieben, alle Dinge zum Besten dienen, denen, die nach dem Vorsatz berufen sind.*

12

Esther 4,14: Und wer weiß, ob du nicht gerade wegen einer Zeit wie dieser zum Königtum gekommen bist?

Esther

Im Buch Esther finden wir den allerbesten Schlüssel, wie wir den Schwierigkeiten in dieser Endzeit begegnen.

Vor einiger Zeit träumte ich, dass Soldaten, mit Gewehren bewaffnet, zu uns kämen. Sie sagten zueinander: „Wir werden sie vorläufig noch die Bibeln behalten lassen, aber jetzt werden wir zuerst das Buch Esther zerstören."

Falls du das Buch Esther noch nicht studiert hast, empfehle ich dir das sehr. Dieses Buch ist ein Schlüssel für das natürliche und auch für das geistige Israel. Ich bete, dass Gott dir seine Macht und die Realität zeigt und du dich in das Buch Esther vertiefst.

Königin Vasti verlor alles, weil sie dem Ruf des Königs nicht gehorchte. Er wollte den Völkern und Fürsten die Schönheit der Königin zeigen, doch sie widersetzte sich.

Vasti war wirklich wunderschön, doch weder verstand sie den König, noch liebte sie ihn. Aus diesem Grund wurde sie verstoßen und verlor ihre hohe Position. Selbst wir können in der Endzeit unsere Position verlieren, wenn wir nicht mit dem König übereinstimmen. Wir werden vielleicht nicht alles verstehen, aber wir vertrauen, denn der König wird nichts verlangen, was nicht seiner unendlichen Liebe entspricht. Es gibt Menschen, die meinen, dass das, was er sie zu tun heißt, töricht sei, doch wir wollen uns solchen Gedanken nicht hingeben, sondern auf seine Weisheit und Liebe bauen und Täter seines Wortes sein.

Im zweiten Kapitel treffen wir auf Esther. Sie ist mit vielen anderen Jungfrauen zusammen, jede von ihnen hatte die Möglichkeit und sicher auch den Wunsch, Königin zu werden. Esther hatte bis zu diesem Augenblick noch niemandem etwas über ihre Herkunft, ihr Volk und ihre Angehörigen anvertraut, denn Mordechai hatte ihr dringend geraten, dies auf keinen Fall zu tun (siehe Esther 2,10). Esther hat wohl kaum verstanden, warum sie nichts sagen sollte, doch sie stimmte zu, weil sie wusste, dass Mordechai einen großen Weitblick hatte. Natürlich wollte Esther Königin werden, doch Mordechai verstand, wie wichtig sie als Königin für sein Volk werden könnte, das ja in Unterdrückung und Gefangenschaft lebte.

Identität

Der Name Mordechai bedeutet: Jemand, der die Myrrhe zerdrückt, Balsam verbreitet. Mordechai wusste, was Leiden bedeutet, schließlich lebte er als Gefangener in einem fremden Land. Obwohl es ihm vielleicht besser ging als anderen, war er dennoch ein Gefangener, weit weg von Jerusalem und damit von der Herrlichkeit Gottes getrennt. Die Erfahrung des Leidens lehrt uns, nicht immer alles gleich zu sagen, was wir wissen. Der Geist des Antichristen wird überall stärker, und deshalb ist es sicherer und klüger, die Dinge für den Herrn zu tun und nicht auf Annehmlichkeiten, Lob und Ehre zu schauen, die evtl. durch Ruhm oder auch durch Hilfe der Regierung kommen können.

Unter Adolf Hitler konnten viele Juden den Gaskammern nur dadurch entkommen, dass sie ihre wahre Identität verbargen. Als wir damals hinter dem Eisernen Vorhang evangelisierten, mussten wir auch unsere Identität verbergen. Selbst heute ist es in Israel verboten zu evangelisieren, auch da müssen wir uns klug verhalten. Wir wollen Jesus folgen und seinen

Auftrag erfüllen. Johannes 9,4. *Ich muss die Werke dessen wirken, der mich gesandt hat, solange es Tag ist; es kommt die Nacht, da niemand wirken kann.*

Mehr und mehr wird es notwendig, dass wir unserem Gegner direkt in die Augen schauen und die Situation anerkennen, doch in der absoluten Gewissheit bleiben, dass Gottes Ratschluss gut und unabänderlich ist.

Epheser 1,9: *Er hat uns das Geheimnis seines Willens bekanntgemacht, entsprechend dem [Ratschluss], den er nach seinem Wohlgefallen gefasst hat in ihm.*

Essen mit dem Widersacher

In den Kapiteln 3 und 4 lesen wir vom großen Auftritt Hamans, er will die Juden zerstören und ist vor Wut außer sich. Esther weiß durch die Informationen, die sie von Mordechai erhalten hat, genau, dass es jetzt auf sie ankommt. Sie wartet – geduldig –, bis Gott ihr Haman in die Hände gibt.

Esther gab sogar ein Festmahl, vergaß aber in keiner Sekunde, warum dieses Festmahl stattfinden musste. Es war kein Fest der Freude, sondern der Offenbarung. Es wurde offenbar, wer Haman wirklich war: der Mörder von Gottes auserwähltem Volk.

Schließlich wurde Haman zum Tod an dem Galgen verurteilt, den er für Mordechai hatte errichten lassen.

Um diesen unvorstellbar großen Sieg zu erreichen, musste Esther an den Punkt kommen, an dem sie willig war, ihr Leben zu verlieren. Sie sagte: *Komme ich um, so komme ich um* (siehe Kapitel 4,15).

Sie rettete durch ihren Mut nicht nur ihr eigenes Leben, sondern das Leben aller Juden. Die Christenverfolgung nimmt weltweit zu. Wir können tatsächlich in die gleiche Situation kommen, wie die Juden einst unter Haman, oder die Juden unter Adolf Hitler, oder die Christen unter Stalin; ich bete, dass wir wie Esther sagen: „Wenn ich umkomme, komme ich um!"

Es wird ein neuer Tag im Land anbrechen, ein Tag des Opfers, des Leidens und der Entbehrung. Aber: Jeder, der den Namen des Herrn anruft, wird errettet werden!

Apostelgeschichte 2,17–21: *Und es wird geschehen in den letzten Tagen, spricht Gott, da werde ich ausgießen von meinem Geist auf alles Fleisch; und eure Söhne und eure Töchter werden weissagen, und eure jungen Männer werden Gesichte sehen, und eure Ältesten werden Träume haben; ja, auch über meine Knechte und über meine Mägde werde ich in jenen Tagen von meinem*

Geist ausgießen, und sie werden weissagen. Und ich will Wunder tun oben am Himmel und Zeichen unten auf Erden, Blut und Feuer und Rauchdampf; die Sonne wird sich in Finsternis verwandeln und der Mond in Blut, ehe der große und herrliche Tag des Herrn kommt. Und es soll geschehen: Jeder, der den Namen des Herrn anruft, wird errettet werden.

13

> *Matthäus 16,24: Da sprach Jesus zu seinen Jüngern: Wenn jemand mir nachkommen will, so verleugne er sich selbst und nehme sein Kreuz auf sich und folge mir nach!*

Petrus

Im Lukasevangelium lesen wir eine Geschichte von Petrus. Er sagt zu Jesus – Lukas 22,33: *Herr, ich bin bereit, mit dir ins Gefängnis und in den Tod zu gehen!*

Hier sagt Petrus eindeutig, dass er willig sei, einer Gefangennahme und sogar dem Tod zuzustimmen. Jesus wusste, dass der Selbsterhaltungstrieb in Petrus aber noch äußerst lebendig war und er ihn in Kürze verleugnen würde. Und das, obwohl Petrus ihm drei Jahre lang treu nachgefolgt war und er mächtige Taten und Wunder gesehen hatte, er würde dennoch versuchen, sein Leben zu retten. Im Satz zuvor – Lukas 22,31 – sagte Jesus zu Petrus: … *ich aber habe für dich gebetet, dass dein Glaube nicht aufhöre; und wenn du einst umgekehrt bist, so stärke deine Brüder!*

Von welcher Bekehrung sprach Jesus? Er sprach von der Bekehrung des Sinnes. Viele Menschen haben sich bekehrt, doch ihre Denkgewohnheiten bleiben unverändert. Wir tun praktisch das Gleiche – nur in einer anderen Umgebung. Fleisch bleibt Fleisch, es wird uns beherrschen, wenn wir nicht dem Geist Gottes Raum geben.

Epheser 4,23: ... *dagegen erneuert werdet im Geist eurer Gesinnung.*

Römer 12,2: *Und stellt euch nicht dieser Welt gleich, sondern ändert euch durch Erneuerung eures Sinnes, damit ihr prüfen könnt, was Gottes Wille ist, nämlich das Gute und Wohlgefällige und Vollkommene.*

Unsere Kinder

Oft denke ich an ein russisches Ehepaar, das dem Herrn dafür dankte, dass seine Kinder um des Evangeliums willen im Gefängnis waren. Sie sahen das als große Ehre an. Das ist für uns in der westlichen Welt eigentlich unvorstellbar und klingt zunächst regelrecht absurd, aber für Gott ist nichts unmöglich, er kann uns so verändern, dass wir ihm in allen Situationen danken und vertrauen. In unserer sogenannten freien Welt sträuben wir uns häufig, Gott unsere Kinder zu übergeben. Wie oft überlassen wir sie dabei jedoch der Dunkelheit, und die will unsere Kinder komplett vereinnahmen und auf ihre Seite ziehen. Auch in den Dingen, die unsere Kinder betreffen, müssen wir uns entscheiden, dem Gegner mutig in die Augen zu schauen. Wir brauchen keineswegs die Tatsachen zu verleugnen, aber wir dürfen sicher sein, dass einer schon den Sieg errungen hat, und wir überlassen uns ihm, denn er wird für uns kämpfen. Wir können nicht alles machen; Gott soll die Kontrolle übernehmen. Die Kinder werden uns nur für eine bestimmte Zeit anvertraut. Mögen sie in uns den bekehrten Sinn – Christi Sinn – sehen und, wenn sie erwachsen sind, selbst ihre Berufung in Christus erkennen.

1. Korinther 2,16: *Denn „wer hat des Herrn Sinn erkannt, oder wer will ihn unterweisen?" Wir aber haben Christi Sinn.*

Was werden wir tun, wenn unsere Kinder herausgefordert werden und als Märtyrer für Christus sterben sollen? Werden wir dagegen kämpfen, oder können wir ihnen beistehen und sie ermutigen, für Jesus zu leiden, weil er alles wert ist? Sind wir zufriedener, wenn sie ein gutes Leben, Geld etc. haben, aber ihre Seelen leer und trostlos sind? Wenn sie nichts von all den Dingen haben, die die Welt gibt, sondern nur die Erfüllung, die davon kommt, dass man im Zentrum des Willens Gottes ist? Immer wieder habe ich im Laufe meines Dienstes Geschichten gehört und die traurigen Augen gesehen, weil Eltern aufgrund ihres eigenen unerfüllten Lebens und wegen eines besitzergreifenden Geistes ihren Kindern nicht erlaubt haben, dem Ruf Gottes zu folgen.

Lukas 22,31+32: *Es sprach aber der Herr: Simon, Simon, siehe, der Satan hat euch begehrt, um euch zu sichten wie den Weizen, ich aber habe für dich gebetet, dass dein Glaube nicht aufhöre.*

Weil ich seit vielen Jahren in Amerika lebe, lese ich den Vers 31 wie folgt: „Amerika, Amerika, siehe, der Satan begehrt deiner, dass er dich sichte wie den Weizen, ich aber habe für dich gebetet." Viele unserer Brüder und Schwestern, die in Ländern leben, in denen sie um des Glaubens willen verfolgt sind, werden vom Heiligen Geist geleitet, für Amerika in dieser Zeit zu beten. Sie beten, dass wir in unserem Wohlstand und bequemen Leben nicht blind für die wahren Werte des Lebens sind und dass wir für uns und unsere Kinder die wahre Freiheit suchen, ja, die Freiheit der Unabhängigkeit vom Luxus und den Freuden, dem Komfort der Welt.

Petrus verleugnete Jesus. Er konnte damals weder mit dem Kreuz noch mit dem Tod übereinstimmen. Als

Jesus zu seinen Jüngern sprach (Markus 8,31), lehrte er sie, dass der Menschensohn viel leiden müsse. Petrus wandte sich an ihn und tadelte ihn öffentlich. Er tadelte Jesus, weil er nicht mit dem Kreuz übereinstimmen konnte – deshalb verließ er den Herrn auch in der Stunde der Kreuzigung. Wir werden in Amerika – in der westlichen Welt – nicht in der Lage sein, das Kreuz anzunehmen, wenn uns gelehrt wird, es zu verleugnen und zurückzuweisen. Jesus musste Petrus tadeln und in die Schranken weisen. Er wusste, dass ein falscher Prophet durch Petrus sprach, mit einer falschen Botschaft von Segen, Wohlstand, Leben ohne Leiden. Jesus sagte:

Markus 8,33: *Er aber wandte sich um und sah seine Jünger an und ermahnte den Petrus ernstlich und sprach: Weiche von mir, Satan! Denn du denkst nicht göttlich, sondern menschlich!*

Wir müssen lernen, die Stimme Gottes zu hören und Gott glauben, nicht der Stimme der Menschen.

Wann erlebte Petrus somit eine Bekehrung? Als Jesus ihn ansah, nachdem er den Herrn dreimal verleugnet hatte. Ich glaube, wenn Jesus uns anschaut und in unser Leben sieht, wird uns bewusst, dass das Wichtigste nicht die Kraft des Herrn ist, sondern die Person Jesus selbst.

Er, den wir auch schon genau in der Stunde verlassen haben, in der wir doch so stark sein wollten.

Die Kraft und die Segnungen, die ich als Kind Gottes empfange, sind nicht das Wesentliche. Am wichtigsten ist und bleibt Jesus Christus, die Person.

Um Missverständnissen und Fehlschlüssen vorzubeugen, möchte ich hier noch einmal anführen: Es geht nicht darum, dass wir nie Dinge von Gott beanspruchen sollten, nein, das dürfen wir durchaus, der Schlüssel ist immer, vom Geist Gottes geleitet zu sein. Dann werden wir erkennen und begreifen, wo wir unserem Gegner mutig in die Augen schauen müssen, damit der Plan und der Wille Gottes in unserem Leben geschehen.

14

Johannes 13,1: Vor dem Passahfest aber, da Jesus wusste, dass seine Stunde gekommen war, aus dieser Welt zum Vater zu gehen: wie er die Seinen geliebt hatte, die in der Welt waren, so liebte er sie bis ans Ende.

Jesus einigte sich mit seinem Widersacher

Schauen wir uns das Leben Jesu an. Jesus wusste von Anbeginn, warum er in die Welt gekommen war. Wir können daraus lernen, dass auch wir unser Ziel kennen müssen. Es geht nicht um das Predigen, Lehren oder ums Berühmtsein. Fehler und Zielverfehlungen können auf allen Ebenen passieren. Genauso wie die Welt Berühmtheiten hervorbringt, so gibt es diese auch in der christlichen Welt, und berühmte Leute können das Ziel verpassen. Dennoch sind die Augen mancher blind, wie die des jungen Mannes, der das Königreich erben wollte, aber zu gebunden an die irdischen Dinge war. Die Gefahr ist groß, dass wir Leiter zu sehr mit der Welt verbunden sind, deshalb müssen wir uns immer und immer wieder bewusst machen, dass unsere höchste

Berufung darin besteht, gereinigt und in das Ebenbild und die Schönheit Christi verwandelt zu werden. Und jeder Dienst hat nur eine zeitlich begrenzte Dauer. Der Dienst von Jesus Christus – hier auf der Erde – dauerte nur ca. drei Jahre. Das war aber keineswegs alles, sein Leben hat Auswirkungen auf alle Zeiten hin. Jesus sah hinter seinem irdischen Dienst den ewigen Plan des Vaters und er bereitete sich auf seine Rückkehr zum Thron vor.

Unser Ruf, Gott zu dienen, mag 20, 40 oder mehr Jahre dauern, aber was kommt dann? Was geschieht, wenn wir uns nicht weiterentwickeln und uns nicht bewusst wird, dass ein höherer Ruf in und für uns da ist? In unserem Innersten gibt es einen Ruf für die Ewigkeit. Wir werden hier für den ewigen Dienst ausgerüstet. Dies hier ist nicht nur die Zeit unseres Dienstes, dies ist auch unsere Vorbereitungszeit.

Am Ende seines Dienstes sagte Jesus zu seinen Jüngern – Markus 14,34–36: *Meine Seele ist tief betrübt bis zum Tod. Bleibt hier und wacht! Und er ging ein wenig weiter, warf sich auf die Erde und betete, dass, wenn es möglich wäre, die Stunde an ihm vorüberginge. Und er sprach: Abba, Vater! Alles ist dir möglich; nimm diesen Kelch von mir! Doch nicht, was ich will, sondern was du willst!*

Als er zurückkam, fand er seine Jünger schlafend vor. Er hatte sie gebeten, wach zu bleiben, doch sie haben der Müdigkeit einfach nachgegeben. Sie hätten dem Gegner – der Müdigkeit – sagen sollen: Ja, ich bin müde, aber ich weise den Schlaf zurück, ich bleibe wach! In Vers 41 lesen wir: *Und er kommt zum dritten Mal und spricht zu ihnen: Schlaft ihr noch immer und ruht? — Es ist genug! Die Stunde ist gekommen. Siehe, der Sohn des Menschen wird in die Hände der Sünder ausgeliefert.* Wenn die Stunde der Kreuzigung gekommen ist, hat es keinen Zweck mehr zu widerstehen.

Als die Soldaten kamen, um Jesus zu verhaften, zog der Jünger, der neben Jesus stand, ein Schwert und schlug einem Soldaten das Ohr ab. Was tat Jesus? In Lukas 22,51 erfahren wir, dass Jesus seinem Widersacher half und ihn heilte. Die Zeit des Zurechtweisens war vorbei. Jesus war auserwählt, für dich und für mich am Kreuz zu leiden, damit wir vom Fluch der Sünde erlöst würden.

Wache und bete und widerstehe dem Teufel, bevor die Stunde der Kreuzigung in deinem Leben und in deiner Familie kommt. Halte nichts fest, wenn eine Wendung kommt und Gott anfängt, dir die höheren Dinge des Lebens zu lehren. Oft scheint es, als ob wir sogar den Sinn des Lebens verlieren würden. Wir verstehen nichts mehr. Kann es sein, dass wir geschlafen haben, wo wir stattdessen hätten wachsam sein sollen, um zu lernen, was Gott von uns möchte?

In Markus 14,41 sagt Jesus: *Es ist genug! Die Stunde ist gekommen. Siehe, der Sohn des Menschen wird in die Hände der Sünder ausgeliefert.* Jesus konnte sich seinem Widersacher ergeben, weil er durchgebetet hatte und wusste, dass es zum Besten dienen und er so das Ziel seines Lebens, wozu er in die Welt gekommen war, erfüllen würde.

Die Jünger, besonders Petrus, waren verzweifelt. Ihre Befürchtungen und die Müdigkeit hatten sie verführt und zurückgehalten, Jesus in der Stunde seiner Anfechtung nahe zu sein.

Ich kann die göttlichen Dinge wirklich nur beanspruchen, wenn ich bereit bin, mit dem Willen Gottes übereinzustimmen. Nur so werde ich nicht von meinen persönlichen Ängsten gefangen gehalten. Wenn ich Widerstand gegenüber Gottes Walten in meinem Leben spüre und zulasse, bin ich nicht frei, mich auszustrecken und das Unmögliche zu bewirken.

Gott kann dann das Übernatürliche für mich nicht tun. Nur wenn ich mich dem Willen und der Führung Gottes – auch dem Leiden Christi in meinem Leben

– unterstelle, wird Gott das vollkommene Werk der Gnade in meinem Leben bewirken und mich für seinen Ewigkeitsdienst vorbereiten.

Jesus gab uns das höchste Beispiel, wie wir mit dem Widersacher übereinstimmen können. Er hätte zehntausende Engel rufen können, doch er unterstellte sich seiner eigenen Schöpfung, die ihn band und gefangen nahm. Er erlaubte ihnen, ihn zu beschuldigen und zu schlagen. Er legte seine Hände, die Hände des Schöpfers, auf die Balken des Kreuzes, das aus einem Baum gemacht war, den er geschaffen hatte, und erlaubte Männern, die er geschaffen hatte, die Eisennägel, die aus dem Eisen geformt waren, das er in den Tiefen der Erde geschaffen hatte, in seine Hände zu bohren. Er stimmte mit seinem Widersacher überein, damit er den ganzen Willen Gottes erfüllte.

Als der Wille Gottes erfüllt war, konnte ihn das Grab nicht mehr halten. Wenn Gott sein Werk der Gnade in dir beendet hat, wirst du im Auferstehungsleben in dem Ebenbild Jesu Christi, dem Erstgeborenen unter den Toten, hervorkommen.

Jesus ist gestorben, um viele Söhne und Töchter zur Herrlichkeit zu bringen. Nur wenn mein eigener Wille stirbt und ich mich Gott übergebe, komme ich in die Herrlichkeit, die er für mich geplant hat – seit der Erschaffung der Erde.

Gott tut ein vollkommenes Werk in dir und mir. Es mag nicht immer einfach sein, aber höre auf die Worte Jesu:

Matthäus 5,25+26: *Sei deinem Widersacher bald geneigt, während du noch mit ihm auf dem Weg bist, damit der Widersacher dich nicht etwa dem Richter ausliefert und der Richter dich dem Gerichtsdiener übergibt und du ins Gefängnis geworfen wirst. Wahrlich, ich sage dir: Du wirst von dort nicht herauskommen, bis du den letzten Groschen bezahlt hast!*

In Jesaja 55,8+9 lesen wir: *Denn meine Gedanken sind nicht eure Gedanken, und eure Wege sind nicht meine Wege, spricht der Herr; sondern so hoch der Himmel über der Erde ist, so viel höher sind meine Wege als eure Wege und meine Gedanken als eure Gedanken.*

Jesus spricht in Matthäus 5,25+26 deshalb auch von himmlischen Dingen. Gott fordert uns durch Jesus auf, mit allem, was er in unserem Leben tut, übereinzustimmen, denn Jesus hat alle Macht bekommen.

Matthäus 28,18–20: *Und Jesus trat herzu, redete mit ihnen und sprach: Mir ist gegeben alle Macht im Himmel und auf Erden. So geht nun hin und macht zu Jüngern alle Völker, und tauft sie auf den Namen des Vaters und des Sohnes und des Heiligen Geistes und lehrt sie alles halten, was ich euch befohlen habe. Und siehe, ich bin bei euch alle Tage bis an das Ende der Weltzeit! Amen.*

Geliebte Geschwister, wir wollen ihm gehorsam sein, mit ihm wandeln und heilig sein, ja so heilig, wie er es ist, denn er hat uns aus Liebe auserwählt.

Epheser 1,4: … *wie er uns in ihm auserwählt hat vor Grundlegung der Welt, damit wir heilig und tadellos vor ihm seien in Liebe.*

1. Thessalonicher 5,23: *Er selbst aber, der Gott des Friedens, heilige euch durch und durch, und euer ganzes [Wesen], der Geist, die Seele und der Leib, möge untadelig bewahrt werden bei der Wiederkunft unseres Herrn Jesus Christus!*

Weitere Bücher von Sigi Oblander